Éditions L'échappée
23, rue Voltaire, 75011 Paris
info@lechappee.org
lechappee.org

graphisme ADGP
correction Pierre-Olivier Cervesi

dépôt légal 4e trimestre 2023
isbn 978-23730914-2-7
impression Corlet (France)
n° impression 23060351

le remplaçant

Du même auteur

Histoire algérienne de la France.
Une centralité refoulée, de 1962 à nos jours,
PUF, 2022

Dissidences algériennes.
Une anthologie, de l'indépendance au hirak,
Les éditions de l'Asymétrie, 2021

Algérie, une autre histoire de l'indépendance.
Trajectoires révolutionnaires des partisans
de Messali Hadj, PUF, 2019

Internationale situationniste. Adresse aux révolutionnaires d'Algérie et de tous les pays (et autres textes), textes rassemblés et présentés par Nedjib Sidi Moussa, Libertalia, 2019

La Fabrique du Musulman.
Essai sur la confessionnalisation
et la racialisation de la question sociale,
Libertalia, 2017

NEDJIB SIDI MOUSSA

le remplaçant

journal d'un prof {précaire} de banlieue

L'ÉCHAPPÉE

Prologue

Comment ai-je bien pu finir prof? Pour autant que je m'en souvienne, quoique bon élève, je n'envisageais guère d'embrasser cette carrière au cours de ma prime jeunesse. Je rêvais plutôt de devenir astronaute: la faute à Tintin et Neil Armstrong.

Au collège Alphonse-Terroir de Marly, dans le Nord, un de mes enseignants nous avait pourtant enjoints à suivre sa voie en nous assurant que nous trouverions ainsi un emploi sûr en raison des départs à la retraite. Il va sans dire que notre cher professeur y voyait une forme de promotion sociale pour les enfants d'ouvriers que nous étions. Sans doute croyait-il percevoir, chez les plus brillants d'entre nous, la relève qu'il aurait patiemment contribué à former. Sauf que, dans notre grande majorité, nous ne l'entendions pas de cette oreille. Le seul de mes camarades à s'être montré réceptif à cette proposition a finalement choisi le métier d'infirmier.

Cependant, au cours de mes études supérieures, j'ai travaillé à plusieurs reprises auprès d'un jeune public, de surcroît défavorisé. D'abord en tant qu'animateur en centre de vacances et de loisirs auprès d'enfants originaires du Valenciennois ou de la banlieue parisienne, puis comme AED (assistant d'éducation) dans une enclave populaire de la capitale. Si cette partie de ma vie était une comédie française, elle ressemblerait par bien des aspects à *Nos jours heureux* et à *La vie scolaire*.

Mais c'est par accident que je suis arrivé dans le métier.

*

Durant mon parcours doctoral, entamé en 2007, je me suis retrouvé, quasiment du jour au lendemain, à donner un cours de sociologie à des élèves d'une école de commerce de province. Cette première expérience fut aussi stimulante que terrifiante. Par la suite, j'ai eu l'occasion d'enseigner la science politique dans une université huppée de l'ouest parisien, toujours sous le statut de vacataire, avant d'obtenir un demi-poste d'Ater (attaché temporaire d'enseignement et de recherche) dans mon établissement de formation –non sans que ma directrice de thèse n'ait tapé du poing sur la table.

En effet, après plusieurs campagnes de recrutement infructueuses, et malgré la qualité de mon dossier, ma superviseure estima que les préjugés d'enseignants-chercheurs provinciaux expliquaient probablement mes difficultés à trouver un poste à cette étape du processus de recrutement: «Sans doute pense-t-on qu'un Nedjib Sidi Moussa est incapable de s'exprimer correctement en français ou de tenir un amphi», avait-elle avancé. C'était du moins une piste à envisager... Sa remarque m'avait sidéré dans la mesure où le milieu universitaire m'apparaissait alors comme étant un havre de tolérance, à l'image de mes interlocuteurs. Naïf que j'étais...

Entre 2012 –année de mes 30 ans– et 2014, malgré le salaire dérisoire qui m'interdisait de louer un studio, j'ai pris plaisir à préparer mes cours et à échanger avec des étudiants qui avaient été, pour la plupart, sélectionnés au préalable et provenaient, pour l'essentiel, de la petite-bourgeoisie francilienne ou provinciale. Ceux dont j'ai suivi le parcours sont devenus militants associatifs, journalistes, etc.

J'avais alors rempli une condition nécessaire mais non suffisante pour exercer la profession de MCF (maître de conférences) car –j'en étais farouchement convaincu– mon rôle dans cette société consisterait à produire des connaissances et à les transmettre. La recherche sans l'enseignement ne me paraissait guère envisageable, d'autant que je m'épanouissais pleinement dans ces deux activités, complémentaires à mes yeux.

Après la soutenance de ma thèse, vendredi 13 décembre 2013, je me qualifiai aux fonctions de MCF en science politique, sociologie et histoire –ce qui, en théorie, me donnait trois fois plus de chances de trouver un poste mais qui, dans la pratique, constituait un triple handicap en raison des corporatismes disciplinaires. J'ai depuis envoyé des dizaines de candidatures pour n'être auditionné qu'à trois reprises.

Certes, je m'étais préparé psychologiquement à galérer une année supplémentaire après un parcours doctoral déjà frappé du sceau de la précarité –ma thèse ayant été financée par une allocation de recherche, l'allocation d'aide au retour à l'emploi, des vacations d'enseignement et mon contrat d'Ater. Je pouvais encore endurer ce calvaire trois ans, voire cinq, mais jamais je n'aurais cru possible de vivre une décennie d'incertitude professionnelle.

Du reste, quand j'écrivais en 2018 un article intitulé «De la précarité en milieu universitaire» pour la revue *La Révolution prolétarienne*, j'espérais entrevoir le bout du tunnel, de préférence à l'étranger car l'université française ne pouvait m'offrir la moindre opportunité décente. La faute, sans doute, au démantèlement du service public accéléré par les contre-réformes successives (LMD, LRU, etc.) –la situation n'a fait qu'empirer depuis mon inscription en thèse en 2007. La faute, aussi, au désintérêt manifeste de la majorité des enseignants-chercheurs pour les questions relatives à la révolution, au fait colonial et à l'Algérie –à moins d'adopter les paradigmes à la mode et de prêter allégeance à un mandarin. La faute, enfin, aux réactions suscitées dans certains milieux (intellectuels, journalistiques et militants) par mon premier livre, *La Fabrique du Musulman*, paru en 2017 aux éditions Libertalia, et qui m'a valu d'être cloué au pilori par ceux qui prétendent –au sein de la «gauche blanche» ou de la mouvance décoloniale–, toute honte bue, détenir le monopole de la parole légitime sur l'antiracisme, les classes populaires et la question musulmane, sans jamais accepter la moindre contradiction ni opposer d'arguments dignes de ce nom. Comme le dit le proverbe japonais, «*Deru kugi wa utareru*» («Le clou qui dépasse appelle le marteau»). J'avais exprimé cet agacement dans une tribune publiée en juillet 2020 sur le site de *Libération*, qui avait largement circulé.

*

Cependant, j'avais compris assez tôt que les choses seraient plus compliquées pour moi. Faute d'avoir été pistonné ou soutenu efficacement par un réseau quelconque, livré à moi-même dans cette compétition effroyable, je ne parvenais pas à décrocher le moindre contrat qui aurait assuré mon insertion dans ce milieu hostile aux rejetons des classes laborieuses. C'est alors qu'un compromis raisonnable me parut tout trouvé: il me fallait enseigner dans le secondaire, en attendant, peut-être, de trouver une opportunité dans le supérieur. Par conséquent, je me suis adressé à plusieurs reprises aux trois rectorats de la région parisienne. En vain. Ce qui me désespérait, non sans susciter l'incompréhension de mon entourage. Après tout, n'était-il pas facile d'entrer dans l'Éducation nationale en raison des besoins considérables d'enseignants?

Il m'a toutefois fallu attendre novembre 2017 pour décrocher un premier entretien dans un rectorat de banlieue et obtenir un avis favorable pour enseigner l'histoire-géographie... sans pour autant être nommé dans un établissement –j'avais alors souligné ma préférence pour le lycée en raison de mon expérience à l'université. Après plusieurs tentatives et un confinement vécu dans la solitude, un second rendez-vous s'est tenu en octobre 2020, quelques jours avant l'assassinat de Samuel Paty, qui m'a bouleversé – à tel point que mon article publié le même mois sur le site du média panarabe *Middle East Eye* devait annoncer la fin d'un cycle–, et le deuxième confinement qui a temporairement gelé ma reprise d'activité. D'ailleurs, une de mes rares sorties fut justifiée, en novembre, par ma participation à l'émission *Signes des temps*, sur France Culture, en pleine polémique sur « l'islamo-gauchisme », confirmant ainsi que, dans cette nouvelle guerre des pétitions, mon camp restait celui de la liberté.

En janvier 2021, je me retrouvai enfin parachuté dans un collège de la banlieue sud – en effet, on m'avait expliqué qu'il serait plus facile de trouver un poste en collège, ce qui devenait urgent pour moi sur le plan matériel –, non loin de l'endroit où le sinistre Gang des barbares avait supplicié Ilan Halimi quinze ans auparavant. L'établissement se situait à une trentaine de minutes en bus de mon domicile, tandis que mon service hebdomadaire comprenait trois heures supplémentaires imposées. L'équipe enseignante était plutôt jeune et sympathique, comme c'est souvent le cas dans les zones classées en réseau d'éducation prioritaire (REP) où les fonctionnaires fraîchement titularisés gagnent suffisamment de points pour finir par être mutés loin du ghetto français et ainsi retourner dans leur région natale.

Quant aux élèves, issus comme moi du prolétariat immigré, je ne pouvais que mesurer la distance qui me séparait d'eux, non seulement en raison de mon âge, de mon éducation et de mon engagement, mais plus fondamentalement à cause des mutations profondes qui ont transformé des décennies durant les classes populaires exposées aux sept fléaux –au moins– qui concourent de façon combinée à leur inexorable dépolitisation ainsi qu'à leur inquiétante passivité: précarité structurelle, discriminations persistantes, nationalisme diasporique, crime organisé, intégrisme religieux, opium sportif et aliénation technologique.

Je découvris ce que pouvait signifier pour des préadolescents le fait de vivre dans une des villes les plus pauvres du deuxième département le plus riche de France. À vol d'oiseau, ils n'étaient pourtant qu'à quelques minutes d'une capitale qui semblait à leurs yeux se trouver dans une galaxie lointaine, très lointaine…

*

J'ai connu de nombreuses déconvenues en revêtant le costume de professeur de collège encore habité par son expérience universitaire. Je n'étais guère préparé à donner des cours dans le brouhaha permanent ou à faire face à des élèves cumulant d'énormes difficultés sur tous les plans (économique, linguistique, psychologique, etc.). Sur les conseils d'une amie qui avait quitté la profession, j'ai fini par lever le pied et par m'adapter à ce public particulier en revoyant mes exigences –à la baisse, à mon grand désarroi. C'était une lutte permanente pour capter l'attention d'élèves aussi turbulents qu'attachants, ce qui n'empêchait pas certains de dépasser les bornes.

Je me souviens notamment d'une classe de troisième dominée par des éléments empreints de négativité –qui ricanaient et *tchipaient* quand je prononçais les mots «Juif» ou «Shoah», contrairement aux élèves de mon autre classe, plus studieuse. Après plusieurs incidents et provocations, je me suis mis à élever la voix et à leur rapporter ce que j'avais entendu le matin même sur France Culture: les élèves de troisième d'un collège défavorisé avaient le même niveau que les élèves de sixième d'un collège huppé. L'explicitation de cet écart abyssal avait littéralement choqué ces gamins agités. Je tentais de leur faire comprendre que l'énergie dépensée dans mes cours n'avait pas d'autre but que de leur transmettre des aptitudes et des connaissances qui les aideraient dans la suite de leur parcours, qui sera assurément jonché d'obstacles – ce qu'ils n'étaient pas encore en mesure de saisir. Et c'est bien ce qui m'avait mis dans une colère noire. Mais peut-être qu'en leur parlant ainsi, je me parlais aussi à moi-même.

Je me souviens encore avoir rappelé à l'ordre un groupe de garçons, dans une de mes classes de sixième, à cause du mot «bâtard» prononcé par l'un d'entre eux alors qu'ils traînaient des pieds pour rejoindre la cour de récréation. En fronçant exagérément mes sourcils –nous étions tous masqués à cette époque–, je leur demandai des explications car ils savaient qu'il fallait faire preuve de politesse en ma présence. L'élève fautif m'assura qu'il ne s'agissait pas de vulgarité car il avait entendu ce mot dans une série télévisée… Il poursuivit en me racontant qu'il était lui-même un bâtard, comme toute sa petite bande de gaillards hauts comme trois pommes, originaires d'Afrique subsaharienne ou des Caraïbes. Devant mon étonnement, il me révéla qu'il ne connaissait pas son père, puis son voisin m'apprit que le sien avait abandonné son foyer, etc. Tous étaient liés par cette absence de figure paternelle et un amour inconditionnel pour leur mère. Ils venaient de me donner une leçon de vie.

Cette année, si particulière –avec son lot de vaccination, de passe sanitaire, de couvre-feu, de fermeture de commerces jugés non essentiels, et donc d'absence de vie sociale après mes journées de labeur–, a enfin été marquée par un troisième confinement, entre avril et mai 2021, synonyme d'enseignement à distance, ou, du moins, de simulacre de cours que certains petits malins parvenaient même à bordéliser –signe d'une certaine forme de continuité pédagogique ! Pour la circonstance, le collège m'avait prêté un ordinateur portable afin de vivre cette expérience surréaliste qui me convainquit définitivement de l'impossibilité même de sauver les apparences en matière d'enseignement à distance –lequel suscitait néanmoins l'admiration béate de technophiles, toujours prompts à crier sur tous les toits leur capacité à s'adapter, tels des singes savants, à une nouveauté pourtant socialement nocive et résolument antipédagogique. Les élèves, quand ils ne dormaient pas, faisaient le marché ou jouaient à la console. Comment pourrait-on le leur reprocher ?

Malgré la fatigue et le stress générés par l'enseignement en milieu dit « prioritaire », je retiens les remerciements chaleureux de mes élèves de troisième –des filles bavardes mais studieuses– pour les avoir préparées au brevet des collèges en les faisant travailler avec application sur les espaces de faible densité en géographie et la Guerre froide en histoire –mon sujet de prédilection après la décolonisation. La bouche en cœur, elles ont tenu avant de quitter l'établissement à me faire savoir que j'avais réussi à leur faire aimer les thématiques abordées dans mon cours, me laissant les yeux embués par l'émotion. Les garçons, par pudeur virile, se contentèrent d'un signe de la main pour me souhaiter des vacances bien méritées et franchir, pour la dernière fois, la grille du collège.

*

Une dizaine de jours après la rentrée de septembre, j'appris mon affectation par le biais d'un message laissé sur mon répondeur. Je ne parvins pas à cacher ma déception car j'étais nommé une seconde fois en collège malgré mon souhait répété de travailler en lycée. J'atterrissais cette fois en banlieue nord, à environ une heure de trajet en métro, avec deux heures ajoutées à mon service hebdomadaire. Par dépit, mais aussi par défi, je répondis dans le même mouvement à une annonce pour assurer des travaux dirigés en science politique dans une université de la banlieue ouest. Cette année scolaire démarra sur les chapeaux de roues, en ajoutant des projets de collaboration avec *Le Monde diplomatique* sur la question noire aux États-Unis. Au collège, mes élèves rêvaient tout haut de devenir influenceuses ou footballeurs. À la fac, les étudiants s'écharpaient par graffitis interposés –sur les murs des toilettes– entre pro et anti-transgenres.

Au bout de quelques mois de cette tension féconde, au retour des vacances de Noël, je ressentis le besoin de témoigner afin de partager mon expérience de prof (précaire) de banlieue, de (grand) remplaçant immergé parmi les classes laborieuses de ce pays, à l'école de la seconde France.

C'est à ce moment que s'ouvre mon journal.

Les pages qui suivent ont été rédigées entre janvier et juillet 2022, avant que la question de l'éducation ne redevienne centrale dans le champ politico-médiatique, que ne se multiplient les annonces fracassantes de démissions provenant de contractuels ou que le ministère de l'Éducation nationale ne rende public l'indice de position sociale (IPS) des établissements français, permettant de mesurer le phénomène déjà connu de ségrégation scolaire, à partir de l'activité et du statut social des parents d'élèves. À titre indicatif, l'IPS de mon premier collège, situé en banlieue sud, s'établissait à 85 et celui de mon second collège, établi en banlieue nord, à 86, pour une moyenne nationale de 103,36. Par la même occasion, je découvris les résultats des établissements dans lesquels j'avais appris à lire, écrire, compter et raisonner. De l'école primaire (83 et 85) au lycée (104), en passant par le collège (87), je restais donc fidèle à ma classe.

Par la grâce du CDD, je tournai, pour un an de plus, la page de la misère avec un salaire mensuel d'environ 2000 euros net, ce qui me plaçait en-dessous de la moyenne des salaires en France, tant dans le public que dans le privé, et me rapprochait d'un fonctionnaire de catégorie B.

C'était toujours ça de pris...

*

Le malaise des enseignants, les difficultés de recrutement ou encore la désillusion des contractuels, autant de thèmes désormais familiers du paysage politico-médiatique comme de la recherche en sciences humaines et sociales, ne sont que les symptômes d'une crise profonde qui affecte nos sociétés – celle de l'éducation –, dans la mesure où elle paraît remettre en cause notre capacité à « prendre soin, préserver et admirer les choses du monde », ainsi que le soulignait Hannah Arendt dans *La Crise de la culture*, dont le titre original – *Between Past and Future* – résume de la meilleure des manières la façon dont je me percevais au beau milieu de nos chères têtes brunes vêtues de leur inséparable tenue de sport, uniforme par défaut des écoles publiques par-delà le périphérique, tant chez les élèves que chez de nombreux surveillants.

Le défi qui consiste à préparer les jeunes «à la tâche de renouveler un monde commun» apparaît très certainement insurmontable à de nombreux enseignants confrontés au manque de moyens –matériels et humains–, aux contre-réformes successives –accompagnant davantage la destruction de l'éducation que sa privatisation rampante–, aux polémiques stériles –consubstantielles au calendrier scolaire ou électoral– et au mépris dont on accable trop souvent la «communauté éducative» –dont les professeurs contractuels constituent une part sans cesse croissante et désormais visible, à l'image du précariat qui se développe dans le reste de la société. Le sentiment de se voir assigner une mission impossible, en particulier dans les établissements dits «prioritaires», donne parfois aux enseignants –souvent amoureux de leur discipline– l'impression de jouer le rôle d'animateurs socioculturels et de ne plus être que de simples banlieusards de l'Éducation nationale, aux yeux desquels le triptyque républicain et le matériel informatique font office de cache-misères.

Quand bien même il faudrait en finir avec le capitalisme, l'État et les institutions qui lui permettent de perdurer, cela ne réglerait pas pour autant le problème de l'éducation, pas plus que ceux de l'air que l'on respirerait ou du pain dont on se nourrirait dans une société délivrée des affres de l'exploitation et de l'oppression. Car il reviendra aux générations montantes de pallier aux manquements de leurs prédécesseurs –en exerçant, au besoin, leur droit d'inventaire avec l'objectivité nécessaire. Mais il incombe d'abord aux adultes de notre temps, par-delà les membres de la «communauté éducative», d'y engager leur responsabilité tout entière puisqu'il s'agit moins de s'interroger sur le monde que nous laisserons à nos enfants –et non à notre seule progéniture– qu'au sujet des enfants que nous laisserons au monde.

*

Si mon journal se fait l'écho des préoccupations susmentionnées, parfois avec gravité, souvent avec humour –cette «politesse du désespoir»–, je n'ai pas cherché dans les pages qui suivent à proposer des solutions faciles aux problèmes compliqués de notre temps, en prétendant vainement me substituer à l'élaboration et aux interventions collectives. C'est un témoignage à visage découvert sur une réalité que nous sommes nombreux à vivre au quotidien, non seulement dans les écoles, mais aussi dans les hôpitaux, les transports, les administrations ou les entrepôts.

*

Enfin, plutôt qu'au pouvoir et à ses laquais –de droite comme de «gauche»–, je préfère dédier ce livre à Anne-Marie, Besma, Farès, Ilyes, Kylian, Lucie, Nour, Rihanna, Syhem, Tino ainsi qu'à tous les autres élèves –sans oublier les étudiants– dont j'ai eu la charge et qui constituent la relève que j'aurai humblement essayé de former.

On a fait pire que nos pères !

•

8 JANVIER 2022

#1 Hier, un ami d'enfance m'a contacté *via* Facebook. Nous nous étions perdus de vue depuis de trop nombreuses années. Après quelques messages échangés sur WhatsApp, nous nous sommes appelés et j'ai retrouvé cette voix rieuse qui m'avait accompagné durant mes meilleures années, celles de la jeunesse et de l'insouciance dans le Nord de la France.

À elles seules, ces retrouvailles virtuelles peuvent justifier, du moins en théorie, l'usage du Smartphone et mon retour sur les réseaux sociaux que j'avais abandonnés, en 2018, par souci de cohérence technosceptique. Mais j'y reviendrai (voir #2).

Comme cela se produit dans de telles circonstances, nous nous sommes raconté nos vies, dans les grandes lignes. Sans doute faut-il préciser que nous venons du même monde, celui du début des années 1980, d'une région où les prolétaires et leurs enfants, français ou immigrés, roulent dans des voitures achetées d'occasion et habitent de petites maisons en brique rouge.

Je passe sur les détails de notre discussion. Néanmoins, après avoir fait le bilan de notre « carrière » professionnelle (chaotique) et de notre vie sentimentale (désastreuse), je n'ai pu m'empêcher de lâcher: « On a fait pire que nos pères ! » En effet, au tournant de la quarantaine, nos paternels avaient au moins réussi à décrocher un emploi stable et à fonder une famille. Autant de choses qui nous paraissent désormais hors de portée puisque nous avons fait de la solitude profonde et de la précarité existentielle nos compagnes les plus fidèles.

Ce constat d'échec, au regard des valeurs véhiculées par la société, m'a incité à ne pas trop lui en dire sur les petites misères du milieu politico-intellectuel. L'ostracisme, le racisme et le sectarisme auquel j'ai été confronté dans certains milieux (et que je subis encore, non comme une victime passive, mais en tant qu'individu libre assumant ses convictions), tout cela m'est apparu tellement ridicule et même indécent... Sans doute l'effet d'un breuvage londonien d'importation.

#2 En novembre dernier, je suis revenu sur les réseaux sociaux, non sans quelques hésitations. J'ai donc réactivé mon compte Facebook, mis en sommeil trois années durant. Puis j'en ai créé deux autres sur Twitter et Instagram, après avoir vainement cherché à comprendre l'intérêt de Pinterest et l'utilité d'éditer un profil «professionnel» sur LinkedIn.

Une amie avait réussi à me convaincre, soucieux que j'étais d'élargir l'audience des publications quotidiennes de mon site personnel et qui me paraissent, pour la plupart, d'utilité publique. D'autant que cela demande un travail non négligeable, pris sur mon temps libre, car il me faut, pour payer mon loyer et rembourser quelques dettes morales, donner des cours à des enfants des classes populaires dans un collège de banlieue. Mais j'y reviendrai là aussi (voir #3).

Je dois également révéler d'autres motivations, tout aussi honorables bien évidemment.

À l'automne, je suis allé au cinéma avec une de mes jeunes cousines. Après le film, nous avons pris un verre et nous sommes épanchés. Nous avons parlé de la famille, du travail, de l'hypocrisie, des déchirements, de nos vies binationales –franco-algériennes– et d'histoire aussi. C'était aussi passionnant qu'émouvant.

À un moment donné, elle évoque mon livre. Je lui demande: «Lequel au juste?» Elle me répond, avec un sourire: «Mais... ton livre.» J'ai alors réalisé qu'elle ignorait l'existence de mes autres ouvrages, parus, il est vrai, après mon retrait des réseaux sociaux. Elle ne savait donc pas que j'avais écrit un bouquin sur les partisans de Messali Hadj, dont faisait partie notre regretté grand-père.

L'intellectuel est brutalement remis à sa place: celle de fils et de petit-fils d'ouvriers, de descendant de refugiés messalistes.

J'ai pourtant essayé de me faire à l'idée que mes proches, à commencer par ceux qui ont fait de moi ce que je suis, ne me liraient jamais (en tout cas pas mes textes scientifiques, que peu liront de fait, y compris dans le milieu universitaire), et on peut se dire, comme pour se rassurer, que c'est mieux ainsi, et qu'ils ne comprendraient pas (ainsi que j'ai pu le constater avec mon premier essai politique, *La Fabrique du Musulman*).

D'après son «J'aime» sur un message Facebook, ma cousine sait que je prépare un nouveau livre.

#3 Vendredi, dernière heure dans un collège fou, fou, fou. J'appréhende toujours ce moment de la semaine. Il s'agit d'une classe de cinquième «compliquée», comme on le dit pudiquement, avec un élève ingérable mais que je refuse d'exclure. Je dois ruser en prenant sur moi. Sans doute un peu trop, surtout en considération de mon statut, de mon salaire et de l'estime de l'institution scolaire.

Depuis janvier 2021, je suis professeur contractuel d'histoire-géographie (et je n'oublie pas l'enseignement moral et civique, comme me l'avait fait remarquer l'inspectrice lors de mon entretien). Je n'ai rien trouvé d'autre. Ne me demandez pas pourquoi. Interrogez plutôt votre société.

Après la soutenance de ma thèse, en 2013, j'ai enchaîné des galères qui devraient faire rougir de honte les donneurs de leçons «radicaux-chics», toujours enclins à distribuer les bons et les mauvais points au sein de la «gauche de la gauche», sans jamais se départir de leurs privilèges de classe. J'ai été chômeur de longue durée, j'ai connu les minima sociaux et survécu grâce à la solidarité de mes proches, agrémentée de quelques piges, de contrats courts, de vacations. Je n'ai jamais décroché le moindre contrat postdoctoral qui m'aurait permis, après la soutenance de ma thèse, d'espérer obtenir un emploi stable. Et je suis en colère.

En tout et pour tout, j'ai été auditionné trois fois pour un poste de maître de conférences dans des universités de banlieue. J'avais compris à chaque fois que les dés étaient pipés et j'ai profondément regretté de m'être plié à ce jeu malsain qui brise des vies. Quand je raconte cela à des personnes qui ont le bonheur de ne pas avoir de bac +8, elles hallucinent devant tant de violence et de mépris.

L'année dernière, le président du comité de sélection m'avait informé de mon échec en m'expliquant qu'un candidat était sorti du lot mais qu'il fallait encore m'accrocher. J'avais un excellent dossier, ça marcherait l'année prochaine, surtout si je parvenais à intégrer un projet de recherche collectif. Dans le même temps, il reconnaissait que ça n'était pas facile quand on enseignait à plein temps dans le secondaire…

Tu m'étonnes ! J'ai bien senti le vent du boulet en 2017, tout comme les silences gênés en 2019.

Mais je m'égare.

Revenons au collège fou, fou, fou. J'envoie donc mon élève turbulent au tableau. Il a trouvé qu'Alexandrie se situait dans l'actuelle Égypte. Il ajoute, à mon émerveillement, qu'elle faisait partie de l'Empire musulman. Magnifique ! Avec un sourire complice, derrière le masque, je lui dis, avec bienveillance : « Tu peux même ajouter qu'elle faisait partie du califat fatimide. »

Ses oreilles se dressent et son regard s'enflamme. Il reprend lentement le mot : ca-li-fat.

Je réponds, hésitant : « Oui… » Je crains le pire à cet instant précis.

Il étouffe aussitôt un gloussement :

« Comme Mia Khalifa, quoi !

— Pardon?

— C'est une tiktokeuse, monsieur!

— Une quoi?

— Vous connaissez Mia Khalifa, monsieur?

— Je n'utilise pas TikTok et arrête de faire le malin. Tu peux regagner ta place.»

Ce faisant, je l'entends murmurer à ses camarades qui n'avaient rien compris de l'échange: «C'est une actrice pornographique.»

Il était hilare.

J'ai attendu la fin de l'heure avant d'éclater de rire à mon tour.

Tu n'es pas prof de techno ?

•

12 JANVIER 2022

#1 Ce matin, au beau milieu de la cour de récréation, une élève de sixième, haute comme trois pommes, m'a tué d'une simple phrase: «M. Sidi Moussa, je tenais à vous dire que vous êtes le meilleur professeur!»

Pris de court, j'ai bredouillé quelques mots, du genre: «Mais pourquoi tu dis ça?»

Cette fillette, âgée de 11 ans, et qui porte le même prénom qu'une de mes cousines, a osé me répondre: «Mais parce que je le pense. Par rapport aux autres professeurs, c'est vous que je préfère...»

J'étais arrivé au collège fou, fou, fou quelques secondes avant la première sonnerie, essoufflé, en pensant aux idées sombres à développer dans mon prochain bouquin.

Déstabilisé par autant de gentillesse, je n'ai pas pu m'empêcher de lui dire: «Merci. C'est très gentil de ta part... En tout cas, sache que tu es une élève très agréable et que je suis heureux d'être ton professeur.»

Célibataire endurci, binational déchu, enseignant précaire, révolutionnaire désenchanté... je déclare être prêt à affronter tous mes adversaires, sur tous les terrains, sans concession.

Mais ce que j'ai vécu ce matin, là, non. C'est trop. Bezef!

Les enfants sont terribles. On ne le dira jamais assez.

#2 Hier, j'avais pourtant quitté l'établissement les nerfs à vif, à cause de cette même classe de cinquième. Le perturbateur en

chef s'était encore surpassé. Pour se rendre intéressant auprès de ses camarades, il avait hurlé: « Vive Zemmour ! Vive Le Pen ! »

Le groupe est rapidement devenu ingérable. Va parler du stress hydrique au Moyen-Orient dans le brouhaha. Autant passer la soirée dans un restaurant halal de mon quartier avec Fabien Roussel et Sandrine Rousseau.

J'ai sérieusement pensé à démissionner, une fois de plus. Puis je suis tombé sur un collègue, passablement énervé lui aussi. C'est l'un des rares à m'avoir témoigné de la sympathie depuis mon arrivée au bahut, en septembre.

Il a vidé son sac: ras-le-bol du service public au rabais, du manque de considération des politiques, de l'hypocrisie des enseignants, aussi. Beaucoup d'empathie pour les élèves issus de milieux populaires –pour ne pas dire pauvre, de l'immigration– pour ne pas dire du ghetto.

Il faisait ce boulot depuis des années au sein du système scolaire français, mais plus il me parlait de nos élèves, plus je comprenais qu'il s'inquiétait en réalité pour ses propres enfants. Il était né là-bas, de l'autre côté de la mer, et semblait toujours souffrir du mépris de ses collègues.

Derrière nos masques, nous nous sommes compris.

#3 J'avoue avoir été très déçu de découvrir mon affectation en septembre. On m'avait pourtant assuré que j'enseignerais en lycée et à une distance raisonnable de mon domicile.

Résultat des courses: je me retrouvais une nouvelle fois dans un collège classé en REP (réseau d'éducation prioritaire) et j'en avais désormais pour deux heures de transport par jour.

Ma seule consolation? Celle d'avoir eu l'insigne honneur de parapher un contrat d'un an.

Je n'ai pas caché ma déception en répondant à la convocation du chef d'établissement.

Détail cocasse: on m'a d'abord pris pour le professeur de technologie. Au début, je n'avais pas bien compris. Je pensais qu'il ne s'agissait que d'un quiproquo, d'autant qu'une professeure de cette discipline était attendue le même jour.

Explication: son nom est aussi maghrébin que le mien. Rien de méchant, bien sûr.

Quelques semaines plus tard, en salle des professeurs durant la pause-déjeuner, une collègue s'installe devant moi. Elle se présente en tant qu'agrégée. Je ne relève pas. Elle m'explique qu'elle a du mal à les remettre au travail depuis le retour des vacances, que les groupes ne sont pas faciles, qu'ils ont tout oublié, etc.

Elle cherche à me sonder.

Par politesse, je réponds que certains éléments sont tout de même réceptifs, qu'ils ont des connaissances, même confuses, et qu'il faut au moins partir de leurs acquis…

Elle sourit et me lance: «Oh! mais pour ce que tu as à faire, ça peut aller. Dans ma discipline, c'est différent.»

Je lève doucement la tête en mastiquant une bouchée de poke bowl. Je crois l'avoir fusillé du regard.

Silence de mort.

Elle reprend la parole: «Excuse-moi. Je viens de réaliser mon erreur. Tu n'es pas prof de techno?»

J'explose intérieurement en me redressant sur mon siège et lui réponds, dans le plus grand calme: «Mais pourquoi tout le monde me prend pour un prof de techno depuis mon arrivée dans ce collège? Je n'ai rien contre cette discipline mais j'aimerais bien qu'on m'explique…»

Elle se met à bafouiller: «Mais, enfin, vous vous ressemblez tous…»

Je crains le pire du pire.

Elle poursuit: «Vous êtes souvent habillés en chemise et veste, comme dans le privé.»

Je préfère ironiser: «L'habit fait donc le moine!»

Fin de la discussion.

Depuis, cette collègue ne m'adresse plus la parole. À peine un bonjour quand on se croise dans les couloirs. Comme quelques autres d'ailleurs. Certains me snobent, contrairement aux agents d'entretien, toujours sympathiques à mon endroit.

Le malaise provient du fait que les titulaires sont peu enclins à sympathiser avec les contractuels pour des raisons de différence de statut. La solidarité ne va pas de soi quand on n'a pas les mêmes intérêts immédiats et que l'on respecte la hiérarchie de la fonction publique.

Un jour, j'ai entendu très distinctement un collègue macronien, soucieux de défendre la valeur de son concours, pester contre les contractuels, à peine formés, ne sachant pas parler français ou alors avec un fort accent.

Mais il y a un autre phénomène, plus pernicieux.

Les contractuels sont souvent pris de haut par leurs collègues statutaires... jusqu'à ce que ces derniers découvrent que leurs interlocuteurs précaires sont en réalité surdiplômés.

Le trouble s'installe alors et durablement pour une raison assez simple: le mythe de la méritocratie républicaine s'effondre net. Ne pouvant plus les narguer depuis leur piédestal statutaire, surtout si les contractuels ont une vie intellectuelle, il vaut mieux les ignorer. Ils ne font que passer...

Ma collègue prof de techno, arrivée au collège le même jour que moi, est née de l'autre côté de la Méditerranée et en garde l'accent.

Elle est docteure en sciences pour l'ingénieur.

Grand écart pédagogique

•

19 JANVIER 2022

#1 Ce matin, les élèves de ma classe de quatrième s'interpellaient avec des noms de pays. Le cours portait sur la Révolution française mais les garçons semblaient surtout se passionner pour la Coupe d'Afrique des nations. J'ai tout de même tenté un trait d'esprit pour déclarer que le seul intérêt du football était peut-être de donner de vagues notions de géographie aux collégiens. Flop total... sauf chez les filles qui me répondaient par des regards amusés.

Les garçons sont revenus à la charge en se charriant. L'un d'eux aurait situé la Guinée en Asie, ce qui n'a pas manqué de provoquer l'hilarité du groupe. Un élève, que j'avais réprimandé en début d'heure pour son entrée fracassante, fit alors mine de me poser une question avec sérieux:

«Monsieur, la Tunisie c'est petit comme une *map* Fortnite!»

J'avouai ne pas avoir saisi la référence, question de génération, malgré les ricanements d'une partie de la classe.

L'élève tenta une nouvelle fois sa chance:

«Monsieur, il y a des gens qui disent que si tu pètes dans un village en Tunisie, tu sens l'odeur dans tout le pays...»

Je tiens à sincèrement m'excuser auprès de mon ancienne petite amie, des martyrs de la révolution et des victimes de la répression... mais je n'ai pas pu m'empêcher d'éclater de rire. Il avait réussi à me dérider en me renvoyant malgré lui à ma propre jeunesse.

Les filles du premier rang s'esclaffèrent à leur tour en raison de mon hilarité. Avant de reprendre la leçon, car il faut savoir terminer une révolution comme d'autres les grèves, je me suis senti obligé de leur lancer quelque chose du genre: « J'étais pire que vous à votre âge. Le drapeau, l'origine, la nationalité, la religion, tout cela avait une très grande importance quand j'étais à votre place, dans mon collège du Nord de la France. Et puis, en grandissant, je me suis rendu compte que ce n'était pas si essentiel que cela. Donc vous avez raison de rire, ce sont vos meilleures années, celles de l'insouciance, même si certains connaissent des situations plus difficiles que d'autres. Mais vous apprendrez à faire vos choix et surtout à les assumer en devenant adultes. Du moins, c'est ce que je vous souhaite. »

Je me suis retenu d'évoquer certaines choses faute de temps, par principe aussi. D'ailleurs, j'ai failli déroger à la règle que je m'étais fixée depuis mes débuts dans ce métier: ne jamais parler de mes origines, du moins celles auxquelles ils pensent pouvoir m'associer, même si cela ne trompait personne.

Et puis, si je parvenais à faire comprendre au groupe de tête en quoi consistait une révolution politique, ce ne serait déjà pas si mal. L'heure n'aurait pas été complètement perdue.

#2 Lundi, en fin d'après-midi, je me sentais comme un fils de famille la veille de sa nuit de noces. J'effectuais mon grand retour à l'université, non plus en tant que chargé de travaux dirigés mais en tant que chargé de cours désormais. Toujours vacataire, bien sûr, mais cela me laissait tout de même une plus grande latitude dans la conception des enseignements, sans compter le travail que cela exige en plus du collège et de l'écriture de mon prochain livre, évidemment.

Si j'arrive à tenir jusqu'à la fin du semestre (je précise que j'ai accepté un cours supplémentaire dans une autre université de banlieue), je pourrai alors prétendre au titre de champion de l'auto-exploitation.

Inutile de faire le calcul de mes heures de travail hebdomadaires, de celles passées dans les transports en commun et d'établir un quelconque rapport avec mon salaire. C'est une absurdité financière totale. Comme celle qui consiste à vouloir rester dans la course au poste d'enseignant-chercheur, plus de huit ans après ma soutenance de thèse.

Sauf que mes motivations sont ailleurs.

Imaginez passer le plus clair de votre temps avec des enfants qui ne sont pas les vôtres, pour un métier que vous avez clairement choisi par défaut (en raison du démantèlement du service public, des discriminations, du sectarisme), ouvertement méprisé par des pans entiers de la population, tout en ayant la sensation de vous brider intellectuellement, d'en perdre jusqu'aux subtilités du langage à force de vous adapter à un public en difficulté...

Il me fallait donc trouver une échappatoire, à défaut de vie sociale, voire de vie privée dans le monde de l'après Covid.

Lundi, j'opérais donc mon come-back, comme Robert Redford dans *Le Meilleur* (*The Natural*), un de ces films de base-ball qui m'ont fait tenir le coup pendant ces confinements solitaires durant lesquels les mots m'échappaient, faute d'interlocuteurs en chair et en os. À cette époque, je visionnais sans me lasser *Le Stratège* (*Moneyball*), avec Brad Pitt. Toujours des histoires d'outsiders, de revenants, de marginaux, mais aussi d'opiniâtres, de persévérants, de combattants.

Je connais ma place dans cette société. Je ne l'accepte pas et je ne dirai pas merci. Ce qui ne m'empêche pas de profiter des plaisirs de la vie quand ils se présentent. *Carpe diem* !

Lundi donc, je suis arrivé sur le campus en avance, en laissant le collège sinistre loin derrière moi. J'ai pris un café, j'ai rempli ma bouteille d'eau et je me suis dirigé vers l'amphithéâtre.

Les portes étaient fermées. Un appariteur les a ouvertes et j'ai découvert alors l'arène, imposante, disproportionnée pour qui s'était habitué, comme moi, aux salles d'une vingtaine d'élèves.

Changement d'échelle spectaculaire, grand écart pédagogique... Je m'étais toutefois préparé psychologiquement tout le week-end en bloquant mon dimanche pour peaufiner ma séance inaugurale, la plus importante.

Mais j'ai fini par être gagné par un mauvais pressentiment. Plus l'heure du cours approchait et plus le calme s'installait dans le bâtiment. Pas un élève à l'horizon. Allaient-ils attendre la dernière minute pour faire une entrée fracassante dans l'amphithéâtre ?

J'attendis cinq minutes, puis dix avant de sortir demander aux appariteurs si le cours était bien programmé. Rien. Mon cours n'existait pas. Incroyable. Avais-je bien noté le lieu ? Oui, j'en étais persuadé, aucune erreur de ma part...

Le bureau administratif étant fermé, j'allais tout de même dans un autre bâtiment à la recherche d'informations.

Pas de cours, pas d'étudiant.

Le choc.

Je suis tout de même resté une demi-heure, au cas où.

Puis j'ai repris le train, épuisé et déçu.

De retour chez moi, et malgré l'heure tardive, j'ai écrit à l'équipe administrative pour expliquer ma surprise et demander des explications, en contenant ma colère.

À la seconde tentative, j'ai obtenu une réponse quasi instantanée, en ayant mis mes collègues titulaires en copie.

Il y aurait eu un malentendu, une méprise.

Sans doute.

Mais on me donnait, dans le même mouvement, un tout autre emploi du temps.

Je n'étais pas en position de force et l'ai par conséquent accepté. On ne parlera jamais assez de la dictature du secrétariat.

Le lendemain, je retournais à l'université, après une nouvelle journée au collège.

Cette fois, les étudiants étaient bien là. Mais ils n'étaient pas contents et me l'ont fait savoir. J'ai bafouillé plus que d'accoutumée pour ce premier cours, ce qui n'a pas manqué de provoquer les ricanements de petits malins qui faisaient circuler une pétition pour changer l'horaire.

À la fin de cette folle journée, épuisé mais pas tout à fait mécontent, réalisant que j'avais préparé du contenu pour trois séances, une étudiante en tenue sportive est venue me voir près de l'estrade:

«Monsieur, vous pourriez nous faire une séance sur votre thèse?

— Si vous voulez. Je laisse le dernier cours ouvert, comme indiqué tout à l'heure, tout dépendra donc de vos propositions.

— Vous avez fait une thèse sur quoi déjà? L'anticolonialisme, c'est ça?

— Oui, enfin, j'ai travaillé sur les trajectoires d'anticolonialistes algériens.

— Ah, super! Ça nous intéresse beaucoup. On en a parlé avec un groupe et on aimerait un cours sur ce sujet.»

J'ai pris le train, le cœur plus léger.

Monsieur, vous avez des airs algériens

•

23 JANVIER 2022

#1 Vendredi matin. La sonnerie retentit. Mon groupe de sixième quitte la salle en me souhaitant un bon week-end. Il me reste encore quelques heures de travail, mais j'apprécie leur politesse et leurs manières encore enfantines. C'est toujours agréable de passer une heure avec eux.

Deux élèves semblent toutefois traîner des pieds. Depuis mon bureau, je les entends murmurer, en me lançant des regards furtifs:

«On lui dit?

— Ben, vas-y, demande-lui...»

Je les observe avec un sourire que mon masque ne parvient sans doute pas à complètement dissimuler. L'une d'elles se lance:

«Monsieur, vous avez vu le match hier?»

Inutile de préciser de quel match il était question puisque, la veille, l'équipe algérienne de football avait perdu contre la Côte d'Ivoire. C'est du moins ce que j'avais appris à la lecture de statuts Facebook qui établissaient des liens entre la lutte contre le colonialisme français, le rôle économique de la diaspora, etc. Mais je m'égare.

Je me suis contenté de répondre:

«Oh! vous savez, je ne regarde plus le football depuis des années.

— Ben, vous faites bien. Il ne fallait vraiment pas le voir ce match.»

Là encore, le sport n'était qu'un prétexte et c'est ce que la suite de l'échange allait démontrer. La plus téméraire des deux décidait d'aller droit au but pour me déclarer, avec une gravité toute préadolescente:

«Monsieur, vous avez des airs algériens.»

Voilà donc où tout cela devait nous mener. J'ai alors choisi de jouer au naïf.

«Comment ça?

— Ben, quand je vous vois, vous faites algérien.

— Tu veux dire physiquement?

— Ben, je sais pas...

— Je vais le dire à ma mère!»

J'éclate de rire avant de lui demander, plus sérieusement:

«Tu penses qu'elle en dirait quoi?

— Ben, si c'est vrai, si vous êtes algérien, alors elle ne dira rien. Moi, je pense que vous êtes algérien.»

C'était dit et elles pouvaient enfin quitter la salle en m'abandonnant à mes pensées cosmopolites.

Depuis septembre, mes élèves me tannent et cherchent à me faire avouer mes origines. Mon petit jeu, qui consiste à botter en touche, finit par leur déplaire. Les plus malins, du moins ceux qui ont fini par me trouver sur Internet, sont persuadés que je suis algérien en raison de mes publications.

Si j'avais consacré mes recherches à l'Irlande ou à la Turquie, est-ce que cela aurait fait de moi un Irlandais ou un Turc? Mais, je dois bien l'avouer, ce type d'argument ne trompe personne, encore moins à un âge où l'on a besoin de certitudes et de réponses claires.

D'abord, j'aurais bien aimé leur dire que je suis algéro-déprimé mais, pour cela, il m'aurait fallu aussitôt ajouter que je suis également franco-déprimé. Et depuis longtemps.

Ensuite, j'aurais bien aimé leur expliquer qu'il ne suffit pas de brandir un drapeau les soirs de victoire ou des papiers les jours d'élections pour être pleinement national ou citoyen.

Enfin, j'aurais bien aimé leur faire comprendre que le monde tel qu'ils devaient le construire ne pouvait plus souffrir de l'étroitesse des frontières nationales.

#2 À la première heure, l'une des élèves les plus brillantes de cette classe m'avait dit dans la cour de récréation:

«Monsieur, vous avez bonne mine aujourd'hui!

— Merci, mais pourquoi tu me dis ça? D'habitude je fais la tête quand je vous retrouve?

— Oh non! c'est pas ça. Mais ce matin vous avez particulièrement bonne mine...»

J'étais sur le point de lui expliquer les raisons de cette bonne humeur matinale. Puis je me suis retenu. Après tout, à quoi bon? Je craignais d'être mal compris.

La véritable raison de cet état ne devait pas être recherchée très loin: la veille au soir, j'avais donné mon second cours à l'université. Et tout s'était merveilleusement bien passé.

J'avais retrouvé les sensations de mes premières années d'enseignement: l'émulation intellectuelle, le stress positif, la connivence subtile et le détachement nécessaire.

Si je devais filer la métaphore sportive, je dirais que, depuis un an, je conduis un kart, faute de mieux, et qu'on venait de m'autoriser à concourir en formule 1, sur mon temps libre.

Certes, la semaine avait plutôt mal commencé, avec un couac administratif et la colère légitime des étudiants concernant l'emploi du temps.

Certes, j'avais mal calibré le contenu de mon premier cours qui s'était tenu, pour ne pas arranger les choses, dans un amphithéâtre à l'acoustique désastreuse.

Mais j'avais réussi à rectifier le tir pour cette nouvelle séance. Les étudiants se sont même montrés bienveillants à mon égard.

À plusieurs reprises, j'ai compris que certains m'avaient identifié. C'est du moins ce que je déduisais de leurs réactions à quelques mots-clés, tout comme de leurs questions ou de leur attention redoublée à l'évocation de thématiques qui me paraissent importantes.

Je parlais et ils m'écoutaient. Ô surprise. J'y pensais, en m'hydratant entre deux phrases, rythmées par les tapotements sur les claviers des ordinateurs portables. Nul besoin de rappel à l'ordre ou de chantage au carnet de correspondance.

Pour quelques heures dans la semaine, je n'étais plus dans un collège classé en REP. Nous étions entre adultes, dans un rapport certes inégal, mais pas moins fructueux. Nous étions toujours en banlieue parisienne mais on ne retrouvait pas ici les mêmes fractions de classe, ce qui, en y songeant, révèle une violence sociale sans nom.

Après tout, je n'étais qu'un de ces enfants d'ouvriers qui cherchait à s'élever par-delà les déterminismes sociaux en rêvant d'une carrière hors de portée...

La vie s'est fort heureusement chargée plusieurs fois de me remettre à ma place durant mes pérégrinations universitaires, professionnelles et intimes.

Malgré la précarité structurelle, malgré le mépris de classe, malgré les préjugés racistes, j'ai apprécié ces retrouvailles pédagogiques, les échanges d'après cours et leurs interrogations...

Tout cela me renvoyait à mes meilleures années de sorbonnard sans le sou qui laissait derrière lui son Nord natal, son enfance ouvrière pour découvrir un univers balzacien fait d'intrigues politico-intellectuelles et de plaisirs interdits par le droit malékite.

Monsieur, on vous a trouvé sur Internet

•

27 JANVIER 2022

#1 Vers trois heures du matin, de jeunes voisins insouciants m'ont sorti d'un rêve où se mêlaient le vrai et le faux, le passé et le présent. Leurs échanges à voix haute ont interrompu un amalgame langoureux entre une scène de *Memory Box* et le souvenir d'une étreinte avec une amante libanaise. Cette brune, aussi géniale que plantureuse, avait quelque chose de féérique malgré ce qui devait relever de la mélancolie: elle parlait en français, jurait en arabe et jouissait en anglais.

Autres temps, autres mœurs.

Sans avoir jamais mis les pieds au pays des cèdres, je dois bien avouer avoir été secoué par le film de Joana Hadjithomas et Khalil Joreige – dont l'intrigue se noue autour de la réception, à Montréal, d'un mystérieux colis en provenance de Beyrouth. Il m'évoquait, outre mes passades polyglottes, les échos déformés des guerres civiles algériennes dont j'étais malgré moi le dépositaire et le témoin indirect.

L'année dernière, j'avais reçu, moi aussi, une boîte à souvenirs qui m'avait été remise par ma sœur. Ma mère y avait rassemblé des objets ou documents provenant d'une autre époque, celle de ma jeunesse nordiste.

J'y avais retrouvé, pêle-mêle, des photos de classe datant de l'école maternelle, située au cœur de la ZAC, à Saint-Saulve; mes carnets de correspondance d'élève studieux au collège Alphonse-Terroir, à Marly; une correspondance internationale qui datait de mes années plus difficiles, au lycée Henri-Wallon à Valenciennes;

mes premières fiches de paie en tant qu'animateur de colonie de vacances...

Les larmes me sont montées aux yeux en découvrant des photographies oubliées, prises à l'époque avec un appareil jetable et sans doute développées du côté de la rue du Quesnoy. Il devait s'agir d'une fête, ou d'une «boum» comme on disait alors. J'étais entouré de mes amis d'enfance, tous rencontrés à l'école du Centre. Que sont-ils devenus? Je l'ignore. J'espère avoir de leurs nouvelles, un jour. Cela m'inspirera peut-être un roman dans le genre d'*American Pastoral (Pastorale américaine)* de Philip Roth. Sans prétention aucune.

Dernière surprise, enfin, celle de mon premier portait, publié en 1997 dans le journal du collège, *La Voix du Terroir*, édité par notre professeure de français:

«Nedjib Sidi Moussa, élève de 3e 2, est lauréat du concours de mathématiques. Au collège, il donne sa préférence à l'histoire pour mieux comprendre le présent et à la géographie pour mieux connaître l'économie mondiale. Pour l'avenir, il est tenté par une carrière de psychologue afin d'aider les gens à surmonter leurs problèmes ou de rappeur pour évacuer l'agressivité ambiante et sensibiliser les autres aux problèmes qui agitent notre quotidien. Nedjib s'intéresse du reste aux guerres à causes politiques, au problème de l'Algérie et à la misère. Pour lui, un bon citoyen se respecte, respecte autrui, la loi et la famille. En attendant un monde meilleur, il rêve de visiter les États-Unis où tout est beaucoup plus grand.»

#2 Hier matin, je suis arrivé au collège alors que la sonnerie avait déjà retenti. Situation un peu désobligeante pour un modèle de vertu civique et morale. À ma décharge, je n'étais pas le seul enseignant à avoir eu du mal au démarrage. J'ai échangé un regard complice avec mon collègue retardataire, en lui lançant, espiègle: «Sauvés par le gong!» Je ne sais pas s'il a compris la référence à cette série télévisée des années 1990. Question de génération.

Arrivé devant ma classe de sixième qui m'attendait dans la cour en rangs dispersés, je fus accueilli par une remarque d'une élève brillante:

«Monsieur, on vous a trouvé sur Internet!»

Le piège se refermait de nouveau sur moi. J'ai tenté une esquive en me retenant de rire:

«Ce n'est pas moi, c'est un sosie!

— Non monsieur, on vous a reconnu.

— C'est peut-être une personne qui me ressemble... Il ne faut pas croire tout ce qu'il y a sur Internet, tu le sais bien.»

La conversation s'est poursuivie en montant les escaliers. L'établissement, gigantesque, a été construit à une époque où la République avait l'ambition affirmée de former des citoyens. Et pour cela, il fallait faire gravir chaque jour aux enfants d'ouvriers des centaines de marches. Jusqu'à l'épuisement.

Essoufflés, nous sommes entrés dans la classe après avoir exigé le calme des garçons, déjà agités à cette heure.

Le petit jeu s'est poursuivi après l'appel. Certains s'étaient visiblement donné le mot. Un autre élève a même parlé de mon entretien accordé en 2019 à Radio M:

«Monsieur, vous êtes une célébrité en fait. Mais à l'époque vous aviez une plus grosse barbe!»

Cette naïveté toute enfantine m'amuse mais j'esquive toujours, comme au commissariat. Je leur fais comprendre que ce n'est pas l'objet du cours avant que la première de la classe affirme avec fierté:

«Mais monsieur, c'est vous, j'en suis sûre! Je connais votre nom: Nedjib Sidi Moussa. On trouve plein de choses sur vous sur Internet!

— Enfin... Je ne m'appelle pas Nedjib Sidi Moussa. Mais tout simplement: M. Sidi Moussa. Je ne sais pas qui est Nedjib Sidi Moussa.

— Ah bon? Et votre mère vous appelle « Monsieur » et pas Nedjib?

— Évidemment! »

Ce petit jeu devait bien s'achever à un moment ou un autre. Mais l'élève ne voulait pas en démordre:

« Monsieur, j'ai même trouvé les titres de vos deux livres, notamment un sur l'Algérie...

— Pourquoi deux livres seulement? J'en ai peut-être écrit quatre. Qui sait? »

J'avais laissé échapper un soupçon d'orgueil. Et puis, c'était peut-être tout ce qui me restait.

Certains élèves de mon précédent collège, situé dans une zone encore plus ghettoïsée, m'avaient même fait part de leur « fierté » en raison de ma médiatisation, bien dérisoire cependant.

Puisqu'ils étaient en troisième, je n'avais pas joué à nier les faits à l'époque mais plutôt tenté de leur expliquer ce qu'il y avait de superficiel dans le champ médiatique et plus encore sur les réseaux sociaux. Ayant été moi-même un enfant de la télévision, je comprenais la force d'attraction qu'elle pouvait avoir, en particulier chez ceux qui viennent d'un milieu défavorisé, ou l'on compte plus d'ouvrages dans son cartable qu'à la maison.

Depuis mon exposition – volontairement limitée –, en raison de mes travaux sur l'anticolonialisme et surtout à cause de mon premier essai politique, j'ai mesuré la nécessité de diffuser largement un savoir critique, afin de sortir des petits cercles militants qui avaient tout compris mais peinaient à atteindre une audience plus large que celle des personnes déjà convaincues. Signes des temps. J'ai aussi éprouvé ce que cela pouvait susciter comme incompréhension, hostilité ou jalousie –autant de choses dérisoires au regard de ma situation–, en particulier chez les hommes –peu importe l'origine, le statut ou la religion– qui auraient préféré ne jamais être contredits sur leur gauche par un descendant de l'exil messaliste.

J’en termine en paraphrasant James Baldwin: craignent-ils tant mon pénis circoncis?

Monsieur, est-ce que les hommes de Cro-Magnon se masturbaient ?

•

30 JANVIER 2022

#1 «Monsieur, vous aimez porter des costumes?»
Je cherchais de la malice dans l'interrogation de cet élève de sixième alors qu'il n'y avait que de la curiosité. En montant les marches, trop nombreuses à cette heure de la matinée, je lui retournais la question, avec un sourire masqué:

«Mais pourquoi tu me demandes ça? Tu n'aimes pas les costumes?

— Ah non! au contraire... Je trouve que ça vous va bien.

— Alors, c'est parfait! Merci.»

L'air de rien, ce petit garçon me renvoyait à mon particularisme vestimentaire, à cette singularité qui faisait de son enseignant un des derniers représentants d'une mode masculine tout à fait désuète tant dans ce milieu professionnel que dans cette banlieue ouvrière.

Depuis ma prise de poste, en janvier dernier, j'ai souvent porté une veste, une chemise, des chaussures et un chapeau. C'est d'ailleurs à cela qu'on me reconnaît. Si cette tenue ne surprend guère mes proches et mes lecteurs, j'avais tout de même eu l'occasion de constater que cela pouvait susciter l'étonnement -le mot est faible- chez mes collègues et mes élèves.

Je l'avais compris assez vite lors de mon entrée en salle des professeurs, avec des regards et des attitudes. Aucun enseignant ne m'en a jamais directement fait le reproche, mais on m'a toutefois fait sentir, à quelques occasions, qu'il s'agissait d'une faute professionnelle, d'autant que cet accoutrement me rapprochait malgré moi d'un principal, en un mot: de la hiérarchie.

La lutte des classes est internationale dans son contenu mais nationale dans sa forme. C'est du moins ce qu'on m'avait appris dans un groupe d'études révolutionnaires. J'ajouterais aussi que cette conflictualité peut prendre, selon les circonstances, un caractère vestimentaire. Mais entre Quechua et Café Coton, j'ai choisi mon camp.

J'ai tenu bon durant ma première expérience en collège.

Vers la fin de l'année, la personne chargée de l'accueil, une femme d'un certain âge, m'a carrément interpellé alors que je franchissais la grille de l'établissement:

«S'il vous plaît monsieur!»

Comme toujours dans ces moments, je craignais le pire...

«Oui, madame?

— Vous pouvez me rappeler votre nom s'il vous plaît?»

Elle sortait de sa loge en me demandant de décliner mon identité de sa voix rauque. Je répondais presque en bégayant:

« C'est M. Sidi Moussa...

— Eh bien, M. Sidi Moussa, je tenais à vous dire une chose. Franchement, votre tenue, en veste et en chapeau, tous les jours pour venir travailler... Franchement, bravo, quelle élégance! Ça fait vraiment plaisir. Rien à voir avec les autres... Je tenais à vous le dire, ça vient du cœur...»

J'en étais estomaqué. Littéralement.

«Merci...»

J'ai murmuré un truc dans le genre avant de réfléchir à ce que cette scène avait de surréaliste.

Alors oui, je l'avoue et je l'assume: j'aime porter des costumes de chez Celio, Zara, H & M et plus si affinités. Cela fait des années que je ne sors plus de chez moi en tenue de sport, non seulement parce que je ne trouve pas cela élégant mais surtout en raison des stigmates associés à cet accoutrement. J'ai bien conscience de la différence de traitement selon que l'on ressemble à un cadre ou à un prolétaire dans ce siècle... Mais je me vois toujours comme un messaliste endimanché, sorti manifester contre les pouvoirs spéciaux.

Comprenne qui pourra.

#2 «Monsieur, vous êtes prof d'histoire?»
Je cherchais de la malice dans l'interrogation de cet élève et je la trouvais d'autant plus vite qu'il n'était pas dans ma classe. D'après sa taille, il devait être en cinquième. Il s'était permis d'interrompre ma pause, accompagné d'un de ses camarades, pour me jauger. Mais son regard n'était pas franc.

« Oui, je suis professeur d'histoire-géographie, pourquoi tu me poses la question?

— Ben en fait, je voulais vous demander quelque chose...»

Je sens venir l'embrouille mais je laisse filer.

«Vous pouvez me dire si c'est bien en 732 que Charles Martel a stoppé le calife...»

Il étouffe volontairement la fin de sa question et je ne parviens pas à saisir le dernier mot. Je lui demande donc de répéter en le dévisageant avec sévérité.

«Vous pouvez me dire si c'est bien en 732 que Charles Martel a stoppé le Khalifa Mia à Poitiers ?»

Il se retenait visiblement de rire, trop content de sa bêtise, pensant peut-être que j'ignorais la référence pornographique.

«Tu veux que je ramasse ton carnet et qu'on aille en parler à madame la principale?

— Mais monsieur, pourquoi vous me dites ça? J'ai simplement posé une question d'histoire...

— Tu me prends pour un imbécile en plus? Sors d'ici et que je ne te revoie plus!»

Ces quelques mots avaient suffi à le faire déguerpir. Je fermai aussitôt la porte pour éclater de rire, à l'abri des regards.

Cette interaction confirmait donc que Mia Khalifa était devenue le fantasme des préadolescents du collège. J'ai souvent entendu le nom de cette célébrité levantine dans les couloirs, à ma grande surprise. Et puis j'ai repensé à ma propre jeunesse. C'était une autre actrice, Tabatha Cash, qui faisait saliver les gamins de ma génération. Était-ce mieux avant ? Rien n'est moins sûr...

Depuis septembre, la question sexuelle est revenue à de nombreuses reprises dans les cours, toujours introduite par des remarques impertinentes ou des questions faussement naïves des garçons. Jamais de la part des filles.

Au début de l'année, en pleine séance sur la préhistoire, un élève de sixième a osé me poser la question suivante:

« Monsieur, est-ce que les hommes de Cro-Magnon se masturbaient ? »

Ce garnement doublé d'un cancre avait failli me faire perdre mon flegme légendaire. Pour la peine, j'ai pris son carnet pour y inscrire à l'encre rouge sa question. Je m'en suis voulu en voyant les larmes couler sur son visage mais, depuis, il ne s'est plus permis le moindre écart de langage pendant un certain temps.

Il n'en pensait sans doute pas moins, comme ses camarades qui gloussent systématiquement à l'écoute de mots pourtant anodins comme « baiser » ou « reproduction », mais aussi « contraception » ou « fécondité », pour les plus brillants.

Je remarquais aussi que certains, plus futés ou plus âgés, me reprenaient quand j'employais le terme « sexe » pour me signifier qu'on pouvait le remplacer par « genre », comme pour neutraliser le concept et chasser de leur tête ces pensées sulfureuses.

Bref, les professeurs de sciences de la vie et de la terre ont bien du mérite.

L'enseignement et l'écriture resteront mes seules compagnes

•

3 FÉVRIER 2022

#1 Je suis rentré littéralement épuisé ce soir, après avoir parcouru, à en croire Google Maps, plus de 80 kilomètres. Plus de trois heures dans les transports en commun... Habituellement, je suis enfermé dans l'obscurité du métro environ deux heures par jour, au minimum (à savoir sans problème technique ou activité extra-professionnelle), ce qui est déjà bien suffisant. Tel est mon rythme pour une journée classique: studio en banlieue sud, collège en banlieue nord et retour à la case départ, du lundi au vendredi.

Mais, puisque j'adore me compliquer la vie, j'ai décidé d'accepter pour ce semestre de donner cours dans deux universités situées dans la banlieue ouest. Ma charge de travail s'élève pour les semaines à venir à 20 h au collège (j'ai bénéficié malgré moi de deux heures supplémentaires; l'an dernier, j'en avais récolté trois), auxquelles s'ajoutent trois heures dans chaque université, soit un total de 26 h de cours, sans compter la préparation. Point sensible quand on pense un instant que je n'aurai sans doute pas l'occasion de reprendre ces cours l'an prochain.

Évidemment, comme tous les enseignants vacataires du supérieur, j'ai répondu à des défections de dernière minute, ce qui m'a laissé moins de temps que les titulaires pour préparer mes séances (après lesquelles je cours encore). On m'a d'ailleurs sollicité ces derniers jours pour enseigner dans une autre université, de la banlieue nord cette fois (mais j'ai refusé car c'était littéralement impossible à caser dans mon emploi du temps déjà surchargé). À croire que je n'existe pas pour les établissements parisiens, même en tant que bouche-trou. Ça fait bizarre au sorbonnard que je croyais être...

Tout à l'heure, un ami éditeur qui m'a sollicité pour écrire un texte dans un ouvrage collectif m'a demandé si j'étais content malgré tout. J'ai répondu positivement en dépit de l'absurdité de la situation. Je dénonce la précarisation de l'université et j'y contribue malgré moi en acceptant ma surexploitation dans l'espoir d'en sortir un jour. Mais c'est le serpent qui se mord la queue car je n'attends plus grand-chose d'un système à bout de souffle. C'est pourquoi j'ai l'esprit ailleurs, très loin, malgré mon réel plaisir de retrouver des étudiants, un autre public que mes collégiens en difficulté (mais qui m'apportent tout de même beaucoup de choses sans le savoir).

En début d'après-midi, j'ai couru dans le métro comme un dératé pour ne pas manquer ma correspondance. En effet, je venais de réaliser que louper ce train m'aurait fait arriver en retard à mon premier cours. Nous étions quelques-uns à sauter dans le Transilien, juste avant la fermeture des portes. Je tenais fermement mon chapeau de peur qu'il ne s'envole pendant ma course. Finalement, je suis arrivé un peu en avance sur le campus que je redécouvrais. J'ai même eu le temps de prendre un café et mes marques dans l'amphithéâtre indiqué par le secrétariat dans un courriel très sec.

L'heure approchait, mais personne à l'horizon. J'avais déjà connu le même scénario dans mon autre université. Je n'ai donc pas perdu de temps et je suis allé vérifier auprès des appariteurs qui m'ont confirmé... que mon cours avait lieu dans une autre salle. Évidemment, personne ne m'en avait prévenu. Mes étudiants m'attendaient alors que je préfère toujours arriver en avance.

Le cours a donc commencé avec un léger retard. Je me suis présenté avec sobriété (comment faire autrement ?). Et j'ai tenu à leur expliquer la situation, mon statut et les raisons de ma présence. J'ignore ce qu'ils en ont pensé derrière leurs masques mais j'avais été sidéré de constater à quel point les étudiants pouvaient ignorer la façon dont les choses se passaient concrètement à l'université. J'avais pu le constater lors d'échanges informels dans mon autre établissement. Mes interlocuteurs ignoraient tout des statuts, du recrutement et des conditions de travail de leurs enseignants, à commencer par les plus précaires.

Après tout, comment pourraient-ils le savoir si personne ne leur en parlait ?

En prévision de la prochaine journée de grève, j'avais lu avec stupéfaction le tract d'un syndicat étudiant qui, sous un vernis très radical, restait complètement corporatiste, sans chercher à comprendre comment fonctionnait (mal) le service public dont nous sommes les usagers ou les exploités. Mais ne pas dire les choses, c'est se mentir ou faire preuve d'une pudeur tout à fait hors de propos dans la période actuelle.

Bref, il faudra bien tenir le rythme, car je n'ai pas le choix, avant de rejoindre éventuellement le pays des Elfes.

J'ai décidé de mettre entre parenthèses tout ce qui peut ressembler à des notions désormais abstraites, comme la « vie privée » ou la « vie sociale ». L'enseignement et l'écriture resteront mes seules compagnes, en attendant les (grandes) vacances.

#2 Hier, au collège, une élève de sixième est venue me voir à la fin de l'heure pour me demander si tout allait bien. Quand une gamine vous pose ce genre de questions avec un regard plein d'inquiétude, inutile de baratiner. J'ai botté en touche en rangeant mes affaires pour éviter de lui expliquer que je venais de recevoir un SMS de la part d'une émission de télévision qui souhaitait m'inviter, toujours à la dernière minute, pour parler du thème de mon premier livre, *La Fabrique du Musulman*. Je me suis spontanément pris la tête dans les mains, sans m'en rendre compte, tandis que les élèves travaillaient sur le thème de la solidarité. Après avoir réfléchi un instant, je réalisai que cette sollicitation sortie de nulle part avait sans doute un lien avec la dernière polémique en date sur la question musulmane en France. Ce n'était donc pas une faveur. Dilemme qui a plombé la fin de la séance en me plongeant dans une profonde angoisse.

Fort heureusement, tout va très vite dans le monde merveilleux de la télévision. Le temps que mon cours se termine, ils avaient déjà trouvé un autre intervenant pour leur plateau.

Comme quoi, ça a du bon de faire réfléchir les collégiens sur l'entraide après avoir consacré deux séances à l'empathie.

Ils se souvenaient encore de la définition: « se mettre à la place de l'autre ».

J'en avais souri de bonheur.

Mazal kayen l'espoir

•

6 FÉVRIER 2022

#1 Vendredi, je retrouve le collège après ma journée marathon d'enseignement à l'université. Un climat de tension s'est installé dans l'établissement, et même dans la ville, ce qui se répercute inévitablement dans les salles de cours. Plusieurs incidents, parfois violents, ont été signalés, certains concernant mes élèves. On nous annonce deux semaines compliquées avant les vacances d'hiver. Il faudra bien tenir.

La première heure reste agréable. Il s'agit de ma classe de sixième préférée. On travaille sur la Grèce antique et je me surprends à évoquer mon voyage à Athènes, en décembre 2013. Mais je pense aussi à mes lectures enfantines, la trilogie de livres-jeux intitulée *Chroniques crétoises* dans la collection Un livre dont vous êtes le héros. Les aventures d'Althéos étaient pour moi le pendant littéraire du manga *Saint Seiya* qui m'accompagnera, bien des années plus tard, avec la bande-son mélancolique de son adaptation télévisée.

La deuxième heure commence bien. En demi-groupe, l'ambiance de travail est toujours plus agréable qu'avec mon autre classe de sixième. J'ai choisi de les faire réfléchir à la solidarité, après en avoir fait de même avec l'empathie. D'ailleurs, je les interroge pour vérifier qu'ils ont bien retenu la définition. À mon grand soulagement, les réponses fusent. Je leur demande ensuite de m'expliquer la différence entre l'empathie et la solidarité. C'est déjà plus compliqué. Après un silence assourdissant, je reprends la parole:

«Comme cela a été dit, l'empathie consiste à se mettre à la place de l'autre, dans les bons et les mauvais moments. Très bien. Mais on reste dans les sentiments ou les émotions. D'ailleurs, pour certains, ça se passe dans leur tête, pour d'autres, dans leur cœur… »

Je n'avais pas encore terminé ma phrase, quand j'entendis murmurer suffisamment fort :

« … ou dans ton cul ! »

J'étais abasourdi. Dans un autre contexte, une telle saillie m'aurait immanquablement fait rire. Mais je restais le professeur et un petit garnement a cru devoir amuser la galerie en faisant preuve de vulgarité. C'était le même qui, voilà peu, avait fait mine de m'interroger sur la masturbation chez l'homme de Cro-Magnon. Un récidiviste. Les garçons ricanent. Les filles regardent leur trousse. On attend une réaction de ma part, c'est indéniable. Je ramasse donc son carnet et déclare en haussant la voix qu'une telle attitude est inadmissible et que je ne tolérerai pas la vulgarité. Mais je n'arrive pas à écrire ce que j'ai entendu. Le gamin est à deux doigts de pleurer. Il s'efface jusqu'à la fin de l'heure et vient me voir non pas pour s'excuser mais pour me dire qu'il était innocent. Il accuse, sans le nommer, un autre élève assis juste devant lui. J'étais pourtant sûr de moi, à 99 %. Il avait réussi à me faire douter. Un instant du moins. Mais je savais bien de quoi étaient capables les enfants, surtout devant la peur d'une sanction. Et puis, je l'ai laissé sortir en lui rendant son carnet. Il fait partie de ceux qui peuvent tout à fait glisser, et très vite. C'est ce qui m'inquiète le plus.

#2 Samedi matin, retour au collège, mais sans les élèves, pour une réunion de travail de quatre heures. La présence étant obligatoire, l'Éducation nationale me privait donc d'un réveil en douceur avec le générique de *Répliques* sur France Culture. Quelle injustice ! Et tout ça pour contribuer, sous couvert de jargon techno-managérial, à l'auto-évaluation de l'établissement, soupçonnée de participer à la casse du service public. Mes collègues étaient globalement en désaccord avec cette démarche mais aucune décision collective et ferme n'avait été prise. Je croyais toutefois sentir que quelque chose se tramait.

J'entre dans le gymnase où la direction doit s'adresser aux enseignants et à la vie scolaire. La principale explique la démarche: il s'agit d'établir un diagnostic, de souligner nos atouts et de relever nos lacunes, d'expliciter le fonctionnement du collège, etc. Je perçois ses doutes, en particulier quand elle explique que nous n'obtiendrons pas de moyens supplémentaires pour des raisons démographiques. On comprend qu'elle évite soigneusement les dimensions politiques de la problématique, en raison de sa position.

La parole est ensuite donnée à l'assistance. Un enseignant annonce qu'il va «mettre les pieds dans le plat» et exprime la désapprobation générale. Malgré des sensibilités différentes, toutes les autres interventions, appuyées par les quelques syndicalistes présents, vont dans le même sens, en mettant l'accent tantôt sur les préoccupations des enseignants, tantôt sur les difficultés rencontrées par les élèves, parfois les deux en même temps, mais plus rarement.

Face à cette fronde bien trop respectueuse, la principale, qui m'avait jadis confié avoir travaillé sur Frantz Fanon, décide de ne pas nous imposer cette auto-évaluation, qu'elle prendra en charge. Elle nous propose de mettre à profit la matinée pour discuter dans deux groupes de travail afin d'élaborer le nouveau projet d'établissement: l'un centré sur les aspects pédagogiques et l'autre sur la vie du collège.

J'ai choisi le second groupe sans trop savoir qui allait le rejoindre. J'espérais ne pas tomber sur les professeurs qui m'avaient snobé dans le métro car je craignais ne pas pouvoir contenir ma colère.

Sur le chemin qui nous sépare de la nouvelle salle de réunion, une collègue (une des rares à me sourire quand je la croise dans les couloirs) m'aborde en arabe, une première depuis septembre.

À l'abri des oreilles indiscrètes, elle s'est lâchée avec un accent qui n'était pas algérien mais tunisien. Elle m'a raconté le mépris dont elle faisait l'objet de la part d'enseignants titulaires. Elle était contractuelle et titulaire d'un doctorat, comme moi. Elle a livré des anecdotes qui m'ont scandalisé mais m'ont aussi rassuré, dans le sens où elles confirmaient mon ressenti en tant que travailleur intellectuel précaire.

Nous avons donc marché jusqu'à la salle où j'ai eu la surprise, toute relative, de retrouver les collègues qui me paraissaient les plus sympathiques, davantage préoccupés par les difficultés rencontrées par les élèves, plus prompts à échanger avec les différentes catégories de personnel, qui étaient d'ailleurs représentées.

C'était sociologiquement pur, à quelques exceptions près.

«*Mazal kayen* l'espoir».

Monsieur, on voulait juste vous remercier pour votre cours

•

10 FÉVRIER 2022

#1 Lundi, première heure. La semaine commence sur les chapeaux de roue. J'ai de la chance de ne pas avoir rencontré de problèmes dans les transports en commun, ce qui me fait arriver un peu en avance. J'ai le temps de poser mes affaires dans la salle de classe, d'allumer l'ordinateur, de lancer une chanson, « Sirius » (The Alan Parsons Project), le générique d'entrée des Chicago Bulls de la grande époque. Sans doute une conséquence de l'extraordinaire série documentaire *The Last Dance* sur Netflix, qui m'a replongé dans mon adolescence, ces années folles où je portais une casquette avec le célèbre taureau rouge, nerveux et belliqueux.

Première sonnerie. C'est le signal pour descendre chercher les élèves dans la cour de récréation. J'ai de la chance, il s'agit de ma classe préférée. Les bons élèves m'attendent sagement rangés. Je fais semblant de froncer les sourcils pour les éléments dissipés qui tardent à se mettre en place. On peut monter les deux étages. Dans cette ascension à couper le souffle, une adorable élève de sixième vient me parler d'un sujet récurrent et qui semble faire l'objet de discussions dans leur monde d'enfants.

« Monsieur, vous portez toujours un costume…

— Ah bon? Tu trouves? (Je regarde devant et derrière moi, histoire de voir si un collègue est dans les parages. J'en repère une à quelques pas.)

— Oui, toujours…

— Par exemple, aujourd'hui, je porte un pull donc je ne suis pas en costume.

— Oui, mais en général, vous êtes souvent bien habillé, avec une veste et une chemise, un vrai pantalon et des vraies chaussures. Pas comme les autres profs, quoi...

— Mais enfin, chacun a le droit d'avoir son style (je regarde encore autour de moi). Tu as des adultes qui aiment s'habiller en costume et d'autres non.

— Oui mais vous, ça montre que vous êtes sérieux. Vous faites un effort.

— Tu sais, certains collègues aiment s'habiller de façon plus décontractée, parce qu'ils sont plus à l'aise comme ça, mais ça n'enlève rien à leur sérieux. Tout le monde dans ce collège veille à votre réussite. Et puis, les vêtements, ce n'est pas ce qu'il y a de plus important. »

Elle m'a souri, je lui ai souri. Nous nous sommes compris. La semaine commençait vraiment bien. Et tant pis pour la gauche Quechua.

#2 Mardi après-midi, première heure. Je reçois un groupe très sympathique d'élèves de cinquième. Une des élèves m'avait fait la tête la veille car je lui avais reproché son retard. Elle semble ne plus m'en vouloir. On oublie vite à cet âge. Nous travaillons donc sur la solidarité, les actions concrètes menées par d'autres collégiens et les moyens de s'organiser, au cas où. Ils ont vraiment été réceptifs, plutôt concentrés, peu bavards. Autant de raisons d'être satisfait, malgré tout. S'il y a un espoir, il réside chez les enfants de prolétaires.

Nous finissons un peu plus tôt que prévu et je décide de les accompagner lors de ces dernières minutes en leur proposant de ranger leurs affaires pour une session musicale. Je me suis branché sur la webradio « Classique Plus » de France Musique, sans leur annoncer précisément la couleur. Ils ne s'attendaient visiblement pas à cela de ma part. Ils échangent des regards mêlant la stupéfaction à l'incompréhension, d'abord en silence, puis un murmure diffus s'installe, avant le retour du bavardage jusqu'alors évité.

Bref, je dois assumer mon échec. Je tente la carte de l'humour en fermant les yeux et en commençant à me balancer doucement au rythme de la musique. Au premier rang, quelqu'un me lance:

«Non monsieur, ne faites pas ça... Pas vous!

— Comment ça?

— Vous n'allez pas chanter j'espère?

— Ah! mais pas du tout, j'apprécie seulement la musique.

— J'ai eu peur! Notre prof de musique se prend pour un chanteur.»

Je me retiens de rire. Une autre renchérit:

«Vous écoutez vraiment ça monsieur?

— Franchement, j'écoute cette radio pendant ma pause déjeuner mais aussi quand je suis chez moi, quand je lis ou quand j'écris...

— Ah.»

Je sens une profonde déception chez cette élève. Je me sens comme obligé d'ajouter aussitôt:

«Mais tu sais, j'écoute aussi autre chose quand je veux m'ambiancer...»

Ce dernier mot l'a soudainement plongée dans une hilarité communicative. L'occasion est trop belle.

«Tu crois quoi? Je sais pousser le son avec du hip hop à l'ancienne et aussi me déhancher sur du Beyoncé... Tu me mets Beyoncé, je danse sur la table!»

La salle est en plein délire.

«M. Sidi Moussa le fêtard, j'en reviens pas!»

Moi non plus je n'en revenais pas. J'en ai pleuré de rire. On m'avait dit ce week-end qu'il fallait me détendre un peu.

Et si je suis désespéré, que voulez-vous que j'y fasse?

#3 Jeudi, dernière heure. Je termine ma journée marathon d'enseignant vacataire à l'université. J'étais encore épuisé. Le premier

cours s'était plutôt bien passé, malgré quelques approximations de ma part et un problème technique, ce qui renforce mon technoscepticisme. Un étudiant est venu échanger à la fin de l'heure pour savoir si le mouvement des Gilets jaunes avait pu inspirer d'autres mouvements de contestation à travers le monde, comme celui de Hong-Kong ou ce qui se passe actuellement au Canada. Échange passionnant qui me rappelle tout ce dont le chômage de longue durée m'avait privé ces dernières années.

J'ai à peine le temps de passer aux toilettes pour foncer à la gare et me rendre dans mon autre établissement. Je m'effondre sur un banc postmoderne en avalant un café allongé. Le cours commence dans un quart d'heure. À peine de quoi souffler. Mais il faut me ressaisir car les étudiants sont déjà dans le hall. Certains m'observent et me saluent.

Le cours se passe plus ou moins bien. J'ai tendance à remarquer les étudiants qui bavardent, soupirent ou jouent sur leur téléphone. Je me rassure avec l'écrasante majorité qui prend des notes.

En sortant, avec dix minutes d'avance, je rends le microphone à la loge et j'échange quelques mots avec l'appariteur. Avant de partir, il me dit qu'« il y a des gens pour moi ». Stupeur messaliste. Je regarde à gauche, je regarde à droite et deux étudiantes viennent à ma rencontre. Je m'attendais à des questions, pire, à un guet-apens et voilà à peu de choses près ce qu'elles m'ont dit :

« Monsieur, on voulait juste vous remercier pour votre cours. C'est super intéressant. Les thématiques que vous abordez nous passionnent. C'est vraiment important. Mais on voulait vous dire aussi qu'on apprécie le fait que vous nous donniez la parole. La plupart des profs font leur cours et partent. Mais vous, vous nous écoutez. Ce soir, c'était vraiment bien d'avoir pu s'exprimer. Merci pour tout. »

J'en bafouille encore.

Merci à vous.

Je veux vous donner le meilleur, le maximum

•

13 FÉVRIER 2022

On ne devrait pas faire cours le vendredi. D'ailleurs, les élèves s'y opposent dans les faits, en sabotant plus que d'habitude les efforts de leurs chers professeurs. J'avoue avoir du mal à leur donner tort. Le dernier jour de la semaine devrait être consacré à des activités ludiques, en petits groupes, en plein air, loin des salles impersonnelles et sous-équipées. Et puis, je ne comprends toujours pas pourquoi les classes comptent plus de quinze élèves dans les collèges classés en réseau d'éducation prioritaire. Ou plutôt si.

Pour des raisons budgétaires on épuise littéralement le petit personnel, la scolarité se transforme en humiliation permanente pour les élèves en difficulté tandis que les meilleurs éléments (ceux qui bénéficient d'un cadre familial à peu près stable), conscients des enjeux en raison de la compétition précoce, cherchent à être admis dans des établissements jugés socialement plus respectables. Quand on aura fini d'achever le service public, il restera encore des témoins d'un autre temps, comme moi, pour raconter ce que cette notion de plus en plus vague pouvait encore signifier par le passé... tout en se faisant odieusement exploiter au présent par l'État-patron.

Je sais bien que personne ne parlera pour nous, les petites mains, les bouche-trous, les grands remplaçants, les contractuels de l'Éducation nationale. Les directions syndicales et les candidats aux élections ont sans doute d'autres clients plus fidèles.

Bref, je suis sorti passablement énervé du collège avec l'étrange impression d'avoir essayé de faire mon travail sans y parvenir.

Mais j'exagère sans doute un peu. Le jeu en vaut-il la chandelle? Certes, je n'ai pas d'alternative à saisir dans l'immédiat. J'attends les vacances tout en sachant qu'elles ne seront pas de tout repos car il me reste encore à préparer les cours pour l'université et l'écriture de mon livre qui patine. Il me faudra bien retomber sur mes pieds. Je n'ai pas le choix.

Essayons de rester objectifs.

J'ai tout de même réussi à avancer avec une classe de sixième (en première heure) en leur expliquant la démocratie athénienne et ses limites. J'ai également pu vérifier que les élèves ne réagissaient pas de la même manière concernant le sort réservé aux femmes et aux esclaves. Les filles, du moins celles qui suivaient, s'exprimaient en comprenant l'exclusion des premières. Les garçons, en particulier les enfants de l'immigration subsaharienne, protestaient en saisissant la marginalisation des seconds – en pensant, toutefois, que les esclaves avaient forcément la peau noire.

C'était beaucoup plus difficile avec mon autre classe de sixième. Sans doute l'horaire (dernière heure avant le week-end), les tensions entre élèves et l'ambiance générale.

Mais c'était compliqué avec toutes mes autres classes, sauf avec une sixième, en demi-groupe. On a terminé notre activité sur la solidarité. Un petit malin a cru bon de lire «Éthiopipi» en lieu et place d'Éthiopie. Reprise de volée de ma part: «Et tu vas aussi nous parler du Sri Lankaka?» Hilarité générale. Malgré tout, ça fait du bien.

J'ai ensuite enchaîné avec ma classe de quatrième où les rapports entre élèves sont souvent violents, verbalement ou physiquement. La séquence était presque aussi catastrophique qu'avec la cinquième de l'après-midi. Pourtant le programme est passionnant: révolution industrielle, prolétariat, lutte des classes... Durant le cours précédent, j'avais réussi à leur faire écrire, après la lecture d'un extrait de *La Situation de la classe laborieuse en*

Angleterre (tiré du manuel, pas de ma bibliothèque): «Friedrich Engels, socialiste allemand, porte un regard sévère et critique sur la bourgeoisie de son époque. Il l'accuse d'être "égoïste", "immorale" et "pourrie".» Ce qui m'a incité à blaguer avec les inséparables du premier rang: «J'espère qu'on ne m'accusera pas de faire de la propagande révolutionnaire! Allez, on passe à la bourgeoisie...»

Vendredi, un élève qui porte le même prénom qu'un de mes oncles paternels –on ne dira jamais assez à quel point ces petits détails peuvent modifier les rapports entre individus– m'a interrogé sur mon parcours scolaire car il souhaitait devenir enseignant. J'étais très embarrassé, autant pour lui que pour moi. J'ai donc botté en touche. Qu'allais-je lui dire? Que j'ai un bac +8 et que je suis toujours précaire à bientôt 40 ans? «On en parlera à la fin de l'heure, d'accord?» Fort heureusement, il est parti à la sonnerie, sans me solliciter.

J'essaie de relativiser, mais j'ai de la peine pour mes élèves. Et je leur ai dit: «Je veux vous donner le meilleur, le maximum, parce qu'on ne sait pas de quoi demain sera fait. On peut être victime d'un accident, de maladie ou d'autres choses. Donc il faut y aller à fond. En tout cas, je suis là pour ça et je vous soutiens. Mais si vous trouvez plus intéressant de bavarder, de saboter le cours ou de vous insulter, je n'y peux rien. J'aurais au moins essayé, en pensant à la fois aux bons élèves mais surtout à ceux qui ont des difficultés.»

Une élève, toujours assise au premier rang, m'a demandé si j'allais démissionner. Ma détresse et ma fatigue étaient-elles visibles à ce point?

Pourtant, là encore, le programme est passionnant: la société féodale. Je leur faisais comprendre le fonctionnement des trois ordres, en prenant un peu plus de temps sur le clergé qui vient légitimer le pouvoir des seigneurs et soumettre la paysannerie «comme dans toutes les religions, à de rares exceptions près». J'ai même tenté une évocation de Thomas Müntzer –le théologien de la guerre des Paysans en Allemagne– ou de la révolte des Zandj –à savoir le soulèvement des esclaves contre le califat abbasside–, avant de me raviser devant les yeux écarquillés et les bavardages intempestifs.

Je suis donc rentré sur les rotules. Je pensais au week-end d'écriture qui m'attendait et j'ai annulé une soirée festive, faute d'énergie, ainsi qu'une sortie au cinéma, faute de temps.

J'ai vaguement tenté de regarder *Top Gun* proposé par Netflix. En visionnant le générique, je me suis rendu compte que j'avais complètement oublié ce film. En revanche, je me souvenais encore parfaitement de sa parodie, *Hot Shots !*, qui était une de mes comédies préférées au collège.

À chacun sa jeunesse. À chacun sa culture.

Monsieur, vous êtes de quelle origine ?

•

17 FÉVRIER 2022

#1 Lundi matin. Je suis sorti à l'heure et il n'y avait aucun problème sur les lignes de métro qu'il me faut emprunter pour aller au collège. Ce qui commence à devenir un exploit. Je sens la fatigue s'accumuler. Les deux heures supplémentaires (imposées par l'établissement) ainsi que les six heures de cours à l'université (imposées par ma tendance à l'auto-exploitation) commencent à faire beaucoup. Mais nous ne sommes plus qu'à quelques jours des vacances.

En sortant du métro, une collègue sympathique me fait remarquer que j'ai l'habitude de prendre le chemin le plus long pour aller au collège. Elle m'invite à la suivre car elle passe par un raccourci. Elle ajoute, malicieuse, que je suis sans doute une personne têtue. J'éclate de rire: «Tu m'as donc bien observé depuis mon arrivée ! »

Quelques semaines auparavant, nous nous étions croisés dans la salle des photocopieurs. Elle m'avait demandé: «Tu ne te sens pas trop seul? » J'ai d'abord répondu par une plaisanterie. Puis mon sérieux est revenu au galop. Une certaine tristesse aussi. Elle m'a dit que l'Éducation nationale avait changé. Elle m'a parlé de son fils, docteur lui aussi.

Dois-je préciser que nos deux prénoms ont la même racine?

Quelques jours après cette conversation, une jeune collègue entre dans la salle des photocopieurs sans répondre à mon salut, en m'ignorant superbement.

#2 Mardi matin. Nuit compliquée, réveil compliqué, trajet compliqué. J'arrive en même temps que la sonnerie. Officiellement, je ne suis pas en retard. Je peux donc aller chercher mes élèves dans la cour (du moins ceux qui étaient rangés) et grimper les étages du labeur.

Les enfants entrent dans la salle mais je remarque beaucoup trop d'absents. Un groupe de garçons arrive avec dix minutes de retard. Je leur demande de poser leur carnet sur mon bureau. Ils protestent. L'un d'eux avance qu'il devait déposer sa petite sœur à l'école. Les autres trouvent que j'abuse. Ils haussent le ton. Je hausse le ton à mon tour, au point de leur crier de se taire. Je déteste ces situations où je perds mon sang-froid. C'est un groupe de quatrième très difficile et les problèmes s'accumulent jour après jour. Et je dois tenir jusqu'à vendredi.

Il me faut reprendre mon calme.

Soudain, la cheffe d'établissement, le professeur principal et une élève (exclue ces derniers jours) débarquent. Recadrage en règle pour toute la classe. Je découvre des histoires aussi ahurissantes que stupides et je comprends mieux pourquoi l'ambiance s'était à ce point dégradée au cours des dernières semaines. J'apprends par la même occasion qu'on n'est jamais tout à fait innocent à cet âge.

#3 Mercredi matin. J'ai cours en deuxième heure avec la classe de quatrième. Je me demande comment je vais les retrouver. Après un petit recadrage, les choses retrouvent un cours presque normal, d'autant que j'avais programmé une évaluation.

Je les fais travailler en binôme et je passe dans les rangs pour vérifier leur progression. Mais je n'ai pas l'occasion de m'asseoir pour souffler car ils ne cessent de me poser des questions. Le plus souvent à propos du vocabulaire. Il m'a fallu notamment expliquer la signification de «dénia». Une fois, deux fois, trois fois, quatre fois... Sans doute un problème d'acoustique dans les salles de classe !

Je suis resté calme et j'en ai même souri. Une élève m'a dit que pour elle «dénia» avait un autre sens, en arabe. Je me suis surpris à lui répondre, le plus naturellement du monde: «*besah mechi denia*». Je m'étais trahi, encore une fois, ce qui a plongé la jeune fille dans la perplexité.

Sa camarade du premier rang, qui avait entendu son affirmation mais pas ma réponse (une habitude décidément dans cette classe) m'a demandé à son tour: «Monsieur, vous comprenez l'arabe?» Moqueur, je lui ai répondu: «Ah non! pas du tout, pourquoi? J'ai déjà du mal à comprendre le français. Alors l'arabe, tu imagines bien...» Ma réponse l'a comme chagrinée. Je m'en suis un peu voulu car elle n'avait pas saisi l'ironie, ce qui est toujours délicat à manier.

À la fin de l'heure, un groupe de filles murmure et tarde à sortir de la salle. Tous les garçons sont déjà sortis depuis un moment.

«Oh, tu vas quand même pas lui demander, t'abuses!

— Mais si, tu vas voir. On peut tenter, c'est pas grave...

— Ben vas-y, essaie.»

Dans ces moments critiques, j'essaie de garder mon sérieux même si c'est toujours très compliqué.

«Monsieur, vous êtes de quelle origine?

— Mais je n'en ai aucune! Tu ne le savais pas?»

Si je ressors systématiquement la même version, c'est parce que les élèves reviennent toujours à la charge. En réalité, elles voulaient surtout parler de leurs origines et savoir si j'étais réceptif.

La plus téméraire m'a raconté qu'elle avait des parents originaires de tout le Maghreb, y compris d'Algérie et du Maroc.

J'ai décidé de prendre le parti d'en rire: «Tu te fais donc la guerre tous les matins au petit déjeuner?»

Après un instant de réflexion, elle a ri de bon cœur, entraînant ses camarades.

Une autre se livre à son tour: «Ben moi, je suis algérienne.»

Je me permets de pousser le bouchon un peu plus loin: «Vraiment? Ça ne se voit pas du tout!»

Flop complet. J'ai dû toucher un point sensible. Elle me lance: «Mais vous c'est cramé, vous êtes algérien, ça se voit trop sur votre tête.»

Le débat peut commencer: constantinois? Kabyle? Turc?

«Promis, je vous raconterai tout sur ma vie à la fin de l'année. En attendant, je comprends que ces questions vous obsèdent ou vous passionnent mais pour moi, elles n'ont plus beaucoup d'importance. Et puis, vous n'êtes pas un peu françaises, aussi?»

Silence gêné: «Euh... oui, enfin de nationalité. Enfin, je suis née ici. Je suis aussi française en fait...»

#4 Jeudi soir. Je termine ma performance universitaire avec l'étrange sensation de ressembler à Refaat, de la série *Paranormal*. Surtout pour son scepticisme, sa maladresse, son célibat, son académisme, le retour de ses angoisses enfantines refoulées ou encore celui de ses amours déçus.

Sur certains aspects seulement.

Non mais c'est interdit dans le dine !

•

20 FÉVRIER 2022

#1 Vendredi matin, je suis parti de chez moi plus tôt que d'habitude pour suivre un itinéraire alternatif, histoire de ne pas arriver trop en retard au collège. Mais la forte mobilisation de ce jour – une «journée noire» dans les transports franciliens, initiée par les syndicats qui réclament une hausse des salaires – me réjouissait, évidemment, malgré son caractère corporatiste. Pour la grève générale, on attendra. J'avais tout de même pensé porter un brassard en solidarité avec les grévistes de la RATP. Sur le quai, les usagers les plus bruyants exprimaient leur exaspération. L'un d'eux insultait même les grévistes qui «prennent en otage les honnêtes gens qui se lèvent tôt pour aller au boulot». Je n'étais pas assez réveillé pour lui porter la contradiction.

Un métro est arrivé. Nous nous sommes serrés, plus que d'habitude. Quelques personnes rouspétaient. J'entendais dans la rame un groupe de jeunes (lycéens ? étudiants ? stagiaires ?) hurler des insanités, ce qui a fait fuir quelques belles âmes effarouchées. Autant de vulgarité me choquait presque à mon tour. Il était sans doute encore trop tôt pour mes chastes oreilles. En général, à l'heure des petits employés, fonctionnaires et ouvriers, les visages sont fermés. Je n'ai jamais vu un seul sourire sur la route du travail. Mais ce matin, les voyageurs exprimaient des choses aussi diverses que la colère, la fatigue, la résignation ou la honte.

J'exagère peut-être mais je croyais percevoir la honte des prolétaires incapables de défendre leur bifteck, contrairement aux secteurs plus protégés ou organisés de la classe des travailleurs.

Par conséquent, la dépolitisation et la propagande aidant, les travailleurs matinaux sont plus enclins à en vouloir à ceux qui, à travers leur action, même limitée, leur rappelle qu'ils ne sont pas capables d'en faire autant pour des raisons tout à fait compréhensibles (isolement, endettement, répression, etc.) ou pour d'autres motifs, plus discutables (individualisme, carriérisme, intégration, etc.).

Le mois dernier, quand j'avais annoncé à mes étudiants suivre le mot d'ordre de grève, deux d'entre eux sont venus me demander à quelle date je comptais rattraper le cours. J'en étais estomaqué: «Mais enfin, ce n'est pas une absence pour convenance personnelle, il s'agit d'une grève, donc je ne travaille pas et je perds mon salaire. C'est ma façon de dénoncer la casse du service public et mes conditions de travail. Je ne vais pas rattraper, par principe.» C'était comme si je leur parlais une autre langue. Cet échange m'a fait réfléchir. Jusqu'à ce que l'administration m'écrive pour me demander quand j'allais rattraper la séance…

#2 Dernier jour de cours avant les vacances. Certains collègues se sont fait porter pâles ou ont annoncé par avance leur absence en raison de la grève des transports. J'avais décidé d'organiser des évaluations, pour disposer d'assez de notes avant les conseils de classe, mais aussi pour éviter de gérer des élèves surexcités. Tout s'est bien passé dans l'ensemble. Sauf avec une classe de cinquième. Deux filles avaient oublié leur manuel et ne pouvaient donc pas participer à l'exercice. Elles ont commencé à devenir insolentes et à élever la voix, comme cela leur arrive souvent. Cela m'a fortement déplu, c'est bien le moins que l'on puisse dire.

À part cet incident, j'ai eu droit à quelques moments de complicité, d'autant que je comptais vraiment quitter le collège sans stress inutile, en prévision d'une longue soirée de débat et d'un retour incertain dans ma lointaine banlieue. J'avais donc décidé de lever le pied avec un groupe de quatrième dont certains éléments, en classe entière, savent se montrer désagréables. Je leur ai projeté un reportage sur le patriarcat et la condition féminine en Russie. Tel était leur choix après leur avoir suggéré quelques thèmes proposés par la chaîne YouTube d'Arte.

À ma grande surprise, ils se sont montrés très intéressés par le sujet, que nous avions déjà travaillé quelques semaines auparavant en traitant de l'égalité entre les femmes et les hommes. Tout allait bien jusqu'à ce qu'une séquence un peu «osée» me fasse traverser la salle en courant pour avancer le programme, ce qui a provoqué l'hilarité de la classe. Après une mise au point et quelques gloussements, j'ai relancé la vidéo non sans leur avoir rappelé ces moments de mon enfance où il fallait changer de chaîne ou quitter le salon quand une scène d'amour était diffusée à la télévision en présence de mes parents.

Un débat passionnant s'est ensuivi. La plupart étaient sur des positions «féministes» ou «pro-féministes». La différence entre les deux termes avait d'ailleurs été relevée par une des élèves. À un moment, un garçon murmure à son voisin: «Non mais c'est interdit dans le *dine*!» Je suis interpellé et je tente de comprendre avant de recadrer les choses, au besoin:

«Tu sais bien qu'on ne parle pas de religion en classe. Que voulais-tu dire au juste?

— Mais non monsieur, c'était juste pour lui dire que ça se faisait pas dans la religion...

— Tu sais bien que je ne suis pas censé savoir si vous avez une religion ou pas. Ce n'est pas ça qui m'intéresse. Explique-moi plutôt ce qui ne se fait pas selon toi.

— Ben en fait, dans la religion, la femme ne doit pas tout faire. Il faut un certain partage des tâches à la maison par exemple...

— Ah bon? Vu comme ça...»

#3 La sonnerie me libère. Près de la grille, un collègue (qui me vouvoie) m'interpelle:

« J'ai vu vos vidéos concernant l'histoire de l'Algérie, sur *Mediapart* et autres. C'était vraiment intéressant.

— Merci, ça me touche. Mais ce n'est pas grand-chose.

— Sinon je ne savais pas que c'était vous, *La Fabrique du Musulman*.

— Ça y est, je suis repéré ?

— Franchement, il faut qu'on prenne un verre. On a des choses à se dire...

— Avec plaisir ! Et bonnes vacances. »

Quelques kilomètres plus tard, en me rapprochant du lieu où je devais introduire un débat en soirée, je tombe sur un visage familier. Un type de ma génération, au look bobo, tenant en laisse un chiot minuscule, marchant avec sa compagne. Ami ? Ennemi ? Je ne sais plus. Je l'évite par prudence. Je me perds dans ce quartier et je retombe sur lui. Les souvenirs me reviennent : nous nous étions croisés à l'époque des luttes étudiantes à la Sorbonne. Mais j'ai d'abord vu chez lui le bobo quadragénaire. J'imagine qu'il a vu la même chose chez moi.

L'horreur.

On espère tous finir comme Sam « Ace » Rothstein

•

23 FÉVRIER 2022

#1 Troisième jour des vacances scolaires. Déjà.
J'ai pu profiter d'un véritable week-end de repos, en m'obligeant à ne pas travailler. Samedi, je me suis rendu au centre commercial pour y faire quelques achats. Ce qui m'a permis d'apprendre que les soldes étaient terminés depuis quelques semaines. Voilà ce qui arrive quand on vit dans une galaxie parallèle. Il me fallait trouver un cadeau pour un neveu qui a encore du mal à se mettre à la lecture. Je me suis donc rendu dans le rayon « Jeunesse » de la Fnac : j'étais un des rares mâles de plus de 5 ans dans le secteur. Sensation étrange.

Renseignement pris, mon neveu aime l'univers Marvel ; ça tombe bien, moi aussi. Mais les comics disponibles dans le rayon dédié sont pour l'essentiel destinés aux adultes. Je les trouve beaucoup plus violents que les adaptations cinématographiques. Fort heureusement, je finis par trouver un livre qui me paraît adapté à son âge : *Captain America*. Clin d'œil qu'il comprendra plus tard, sans doute. Mais cela ne suffit pas à mon goût. Après tout, pourquoi céder aussi facilement à l'impérialisme yankee ?

Au nom de la défense de la culture française, j'ai donc décidé de lui offrir le dernier *Astérix* (parce qu'on ne peut pas faire plus gaulois à mes yeux) et… le premier *Naruto*, histoire de lui permettre de discuter avec ses camarades dans la cour de récréation. Résultat mitigé le lendemain pour le brunch (halal) d'anniversaire. Je nage en plein délire cosmopolite, cela va sans dire. Malgré la mise en scène, mon neveu gâté n'a eu d'yeux que pour le comic, son cousin pour la bande dessinée et son frère aîné lorgnant sur le manga.

Qu'est-ce que je ne ferais pas pour voir sourire des enfants qui ne sont pas les miens et que je n'aurai probablement jamais? En quittant cette ambiance qui m'a sorti quelques heures de ma solitude, mon neveu le plus âgé m'a rendu un exemplaire de *Dragon Ball* que je ne me souvenais plus lui avoir prêté. Je me voyais déjà en train de le relire dans le tramway du retour. Sauf que son cousin m'a fait comprendre qu'il souhaitait le lire à son tour. J'ai hésité, deux secondes, comme le gamin que j'étais redevenu. Puis j'ai assumé mon rôle de tonton bizarre.

#2 Il me fallait reprendre l'écriture lundi. Impérativement. Mon calendrier reste très serré et, ne sachant pas toujours dire non, j'ai accepté ces dernières semaines d'écrire des articles en rapport avec le soixantième anniversaire de la fin de la guerre d'Algérie. J'ai retrouvé d'excellentes sensations et une certaine fluidité. On verra bien le résultat, mais je crois avoir trouvé le ton juste pour traiter de questions brûlantes. J'irai au bout du projet en faisant comme si c'était mon dernier livre. En tout cas pour ce cycle.

Je ne sais pas comment mes amis auteurs gèrent le processus d'écriture mais c'est d'abord, pour moi, un plaisir et une libération. Parler d'accouchement ne serait pas très juste, précisément parce que je n'enfante pas dans la douleur mais dans la joie. Cependant, je concède entretenir un rapport assez spécial avec mes créations. Je ne parle pas (encore) à mes ouvrages, ils poursuivent même leur vie sans se soucier de mon sort (ce qui était prévisible) et ils m'enterreront probablement, à moins que cela ne soit déjà fait.

Les vacances au collège me permettent de gagner une heure de sommeil en semaine. Mais il me reste à gérer les cours à l'université. Plus que quelques jours à tenir avant la pause. Mardi, sur le chemin du campus, j'ai appris une mauvaise nouvelle qui m'a littéralement scié les jambes. J'ai tout de même réussi à prendre place sur l'estrade, groggy. Les étudiants prenaient place dans l'amphithéâtre. Je n'entendais plus rien. Il m'a fallu quelques minutes pour reprendre mes esprits et noter deux ou trois choses dans un coin de ma tête.

Le cours portait sur un thème controversé mais les étudiants m'ont paru plus réceptifs qu'à l'accoutumée. Certains m'ont posé des questions ou ont fait des remarques très constructives, ce qui m'a ragaillardi. J'ai repris mes marques et même tenté quelques pointes d'humour. J'en ai profité pour mobiliser de nombreuses références de films qui m'avaient marqué au cours des dernières années. Un groupe est venu discuter avec moi à la fin de la séance. Ce jour ne se terminait pas si mal. J'avais la tête ailleurs. De l'autre côté de la mer.

#3 En travaillant sur mes cours (je suis en flux tendu jusqu'à fin mars, au moins), deux événements sont venus se télescoper, par un de ces hasards qui ponctuent mon quotidien. J'ai appris ma qualification aux fonctions de maître de conférences en science politique. Pour la troisième fois. En effet, j'ai déjà été qualifié en 2014 et en 2018 avec les résultats que l'on connaît…

Les profanes méritent toutefois une explication: il s'agit d'une procédure permettant de présenter une candidature au concours d'enseignant-chercheur. Une étape nécessaire mais pas suffisante pour espérer se faire recruter à l'université sur un emploi stable et enfin accéder à la vie paisible du fonctionnaire qui ne s'inquiète plus pour son salaire, ses vacances et sa retraite. Un horizon qui me semble aujourd'hui complètement inatteignable en raison du trop faible nombre de postes créés chaque année par rapport à celui des candidats.

C'est justement ce que racontait un docteur en science politique dans le bulletin d'information de France Culture à 18h. Après quelques années de galère, ce collègue a fini par être recruté dans une université privée. Je me suis senti à la fois très proche de lui (dans l'analyse de la situation globale de nos compagnons de galère, dans la description de cette colère qui couve) mais aussi très éloigné (sans doute dans le vécu, par rapport à des choses plus subjectives qui me paraissent liées à ces petits chocs de cultures et de classes qui ne disent pas leur nom).

Une de mes contacts sur Facebook avait partagé la veille un article qui traitait de la précarité des universitaires. Dans mes souvenirs, l'auteur avait filé la métaphore du casino. Les bac +8 sans emploi stable ressemblent à des joueurs qui ont trop misé, trop perdu, trop souffert pour quitter la partie. On espère tous finir comme Sam «Ace» Rothstein, le personnage joué par Robert De Niro dans *Casino*, le film de Martin Scorsese.

Tout n'est pas encore perdu

27 FÉVRIER 2022

#1 Jeudi, j'ai encore repoussé mes limites. La journée a commencé par une réunion matinale avec deux camarades pour fixer le contenu d'un dossier dont j'ai accepté la responsabilité pour une revue. La discussion était chaleureuse, parfois animée, et je crois m'être par moments laissé emporter. En expliquant mon rythme de travail, une universitaire à la retraite m'a répondu que je n'allais pas tenir. Et pourtant, je tiens bien le coup depuis janvier et je garderai le cap, sans défaillir, jusqu'à la remise de mon manuscrit et la fin de ma double année, scolaire et universitaire. Je n'ai même pas le luxe de craquer dans une autre vie à laquelle je ne crois plus parce que mon histoire familiale est jonchée de trop de cadavres sans sépulture, trop de morts qu'aucun État n'a souhaité honorer et que nulle religion ne pourra jamais apaiser. Par conséquent, après quelques désillusions (militantes, professionnelles ou affectives), je préfère vivre vite et bien, dans la mesure du possible.

Depuis l'invasion de l'Ukraine, je pense à mon amante roumaine, mon arrière-grand-père algérien, mes collègues français, mes camarades allemands, à tous les dissidents qui refusent de plier devant l'horreur et la barbarie, sans chercher à donner des leçons bien à l'abri derrière leur écran ou à enjoindre des innocents de se faire tuer pour des criminels aux comptes en banque bien garnis. Mon retour sur les réseaux sociaux m'a rappelé à quel point la stupidité avait force de loi chez ceux qui écrivent avec leurs pouces mais pensent avec leurs pieds, pour rester poli. Dénoncer le « deux poids, deux mesures » ne fait pas une politique (encore moins une politique révolutionnaire), surtout quand on n'a rien d'autre à opposer à l'occidentalocentrisme qu'un orientalocentrisme accompagné de haussements d'épaules poutiniens. Parler depuis le «Nord» ne donne pas raison par principe, mais parler depuis le «Sud» non plus. Surtout quand on appuie le bellicisme, l'impérialisme et le nationalisme, d'une façon d'autant plus décomplexée qu'ils ne sont pas identifiés comme européens. Misère de l'anti-impérialisme manichéen.

#2 Mes étudiants des Yvelines étaient naturellement préoccupés par la situation. J'ai entendu leurs murmures avant le début du cours. Je leur ai proposé d'en parler, s'ils le souhaitaient, mais le thème du jour était très différent. D'ailleurs, j'en ai profité pour sonder l'amphithéâtre en guise d'introduction. Seules trois personnes, parmi les présents, se sont déclarées membres d'un parti politique. À mon époque, c'est-à-dire il y a une quinzaine d'années environ, un tel résultat aurait provoqué un scandale, surtout dans une promotion spécialisée en science politique. Je n'ai pu m'empêcher de mettre en lumière ce décalage dans mon propos pour tenter d'expliquer le problème qui me préoccupe ces derniers temps, à savoir celui de la transmission. Au-delà du langage, c'est bien l'effritement –voire la liquidation– de cadres collectifs, dans la discussion, l'élaboration et surtout l'action qui me paraît expliquer les difficultés que nous connaissons dans cette partie du monde et sans doute ailleurs. Sans idéaliser la social-démocratie ou l'orthodoxie communiste, j'ai du mal à me satisfaire de leur quasi-disparition dans la mesure où ces courants n'ont pas été remplacés par des dynamiques révolutionnaires, durables et puissantes – à supposer que cela puisse encore être envisageable de nos jours.

Alors que j'allais retrouver mes étudiants dans les Hauts-de-Seine, j'ai été attiré par une affiche collée sur quelques murs du campus par un petit syndicat d'extrême gauche qui avait pour habitude de polémiquer avec mon ancienne organisation –l'Union nationale des étudiants de France (UNEF)–, plus réformiste, mais mieux implantée. De mémoire, le texte attirait l'attention sur le très faible nombre d'étudiants présents –pas plus d'une cinquantaine d'après les rédacteurs– en assemblée générale, dans une université qui constitue pourtant, historiquement, un bastion de la contestation. Je n'avais pas pris la mesure de la régression mais je n'en comprenais que mieux le désarroi ambiant. Car il n'y avait pas de quoi se réjouir, même si le tract se trompait à mon sens dans l'analyse. En effet, il ne suffit pas de pointer du doigt les bureaucrates manœuvriers ou les orateurs narcissiques. Encore faut-il interroger sa propre intervention, ses mots d'ordre et ses méthodes discutables dans un milieu davantage préoccupé par des problèmes matériels ou la réussite aux examens.

#3 L'espace d'un instant, je me suis inquiété quant à l'affluence à ce dernier cours avant des vacances (universitaires) bien méritées. En effet, un débat politique était programmé à la même heure sur le campus entre deux représentants de partis de gauche. L'annonce avait été faite par une de mes étudiantes la semaine précédente. À ma grande surprise, l'amphithéâtre était presque plein. Cela m'a réjoui, en un sens, mais pour être honnête, pas tout à fait. Certes, je ne vote plus, je refuse de participer aux mascarades électorales, ici ou là-bas, mais j'aurais pu comprendre que des jeunes cherchent à comprendre les arguments de ces porte-parole, voire à les interpeller, même avec rudesse, comme c'était de tradition à une époque pas si lointaine. J'ai tout de même interrogé le premier rang à ce sujet: ils n'étaient pas intéressés et préféraient venir m'écouter.

Le cours s'est très bien passé, malgré ma fatigue. Ils n'avaient jamais été aussi attentifs. Après tout, ils sont nés avec le 11 Septembre 2001 et tout ce que cela peut bien vouloir signifier. Plusieurs étudiants sont venus me parler à la fin de la séance. Plus que d'habitude, surtout les étrangers, pour me demander des précisions ou des conseils. Je m'inquiétais néanmoins de n'avoir pas trouvé du regard un groupe de joyeux anarchistes qui était venu à ma rencontre mardi. Je leur avais recommandé le documentaire diffusé sur Arte, *Fantomas démasqué*, en déplorant toutefois qu'il passait à la trappe le caractère proprement «post-algérien» de l'adaptation cinématographique de 1964. Comment ne pas penser aux attentats de l'OAS (Organisation armée secrète) ou aux allusions relatives à la torture? Mes obsessions sans doute.

En rentrant, j'ai découvert dans ma boîte de réception un message d'excuse: les étudiants absents avaient préféré se rendre au rassemblement de solidarité avec le peuple ukrainien.

Tout n'est pas encore perdu.

En même temps, le couscous sans carottes…

•

6 MARS 2022

#1 Avant les vacances, des élèves m'interrogeaient sur l'éventualité d'une guerre en Ukraine. Je les priais de ne pas trop prêter attention aux médias et de revenir à l'objet du cours. Rien n'était certain mais j'espérais surtout qu'un conflit pourrait être évité. Cependant quelque chose me gênait dans l'insistance de ces collégiens puisque la question revenait de plus en plus souvent en cours. Je croyais percevoir une forme d'excitation chez certains enfants. Faut-il préciser qu'il ne s'agissait que de garçons? Aucune fille ne m'avait sollicité à ce sujet, bien étrangement... À chaque réponse de ma part, qui devait ressembler à une lâche dérobade aux yeux des plus téméraires, j'entendais murmurer le nom de Vladimir Poutine, provoquant immanquablement des sourires complices. Incarnation de la force brute pour des gamins en quête de virilité martiale, le tyran russe était devenu le grand héros des petits malins du collège. Évidemment, quand des enfants nous parlent, leurs parents ne sont jamais très loin.

#2 Ayant fait le choix de ne pas aborder directement l'actualité politique dans mes enseignements, celle-ci était mise sur le tapis par les élèves eux-mêmes. Souvent d'une façon curieuse ou comique, mais qui en disait long sur leurs représentations des choses. Je me souviens par exemple d'une interpellation au sujet du débat télévisé entre Jean-Luc Mélenchon et Éric Zemmour en septembre dernier. Une fille de quatrième m'a alors demandé si je l'avais suivi. J'ai répondu honnêtement par la négative en laissant sous-entendre que cela ne m'intéressait pas beaucoup.

Mais elle a insisté pour en faire un compte-rendu à la classe avant d'ajouter: «De toutes façons, j'ai compris que Mélenchon était contre nous, contre les musulmans.» Intrigué, je lui ai alors permis d'expliquer sa curieuse théorie:

«Vous voyez monsieur, j'ai tout suivi le débat. J'ai écouté les arguments, nanani nanana, bref. De base, Mélenchon veut nous faire croire qu'il est avec nous...

— De qui parles-tu quand tu dis « nous »?

— Ben nous, les musulmans.

— Tu sais bien que dans mon cours la religion est une affaire privée. Je n'ai pas à savoir si tu es musulmane, ça te regarde.

— Bon d'accord. Donc Mélenchon veut nous faire croire qu'il est pour les musulmans. Mais en vrai, il veut juste qu'on vote pour lui. Et après, une fois président, il va nous la faire à l'envers, nous mettre dans des camps et nous expulser.»

J'étais estomaqué:

«Mais où es-tu partie chercher tout ça? C'est quand même très particulier comme explication... Sans vouloir défendre ce candidat, je ne pense pas qu'il irait jusque-là.

— Ben, je vais vous expliquer justement.

— D'accord, je t'écoute...

— Vous voyez, dans un débat politique, normalement, on échange des arguments sérieux. Mais là où j'ai compris qu'il nous mentait, c'est quand il a parlé du couscous.

— Le couscous? Mais c'est quoi le rapport?

— Ben dès qu'il a dit que le couscous était le plat préféré des Français, j'ai compris tout de suite l'embrouille. Nan mais monsieur, c'est pas sérieux comme argument! Il se fout de notre gueule, on est d'accord?

— Pas de vulgarité, s'il te plaît!

— Pardon. Nan mais vous m'avez compris, il veut nous carotte en vrai.»

En même temps, le couscous sans carottes...

#3 Durant la précampagne, la scène politique française leur paraissait tout à fait abstraite –je dois avouer que je la mettais volontairement à distance à titre personnel, après des années de suivi quotidien, un peu par ennui, un peu par dégoût. Après Emmanuel Macron, dont certains élèves parlaient souvent de façon négative, en évoquant par exemple les Gilets jaunes ou la pandémie, Éric Zemmour était rapidement devenu une véritable obsession. Il s'agissait là d'une conséquence de ses déclarations concernant l'interdiction des prénoms musulmans et étrangers, début septembre. En réalité, les collégiens m'avaient appris la nouvelle en m'interpellant en classe à ce sujet. Je m'en souviens encore, c'était un lundi matin. Ils me posaient des questions, partagés entre l'amusement et l'inquiétude qui se lisait sur leur visage: «Monsieur, c'est vrai qu'on devra changer de prénom quand Zemmour sera président?» J'essayais de les convaincre de l'absurdité d'une telle annonce et du peu de chance de voir ce candidat élu à la présidence. Je tentais l'explication par le «réflexe républicain»... Rien n'y faisait. Ils sont très vite revenus à la charge avec le lancement du site vitemonprenom.com dont ils m'ont révélé l'existence. Là encore, ils y voyaient le côté ludique, au détriment d'un aspect plus inquiétant. Une élève de sixième s'était proposée pour m'attribuer un prénom français. Le lendemain, elle m'a indiqué que je devrai désormais m'appeler... Larissa. Je me suis étouffé de rire. Intrigué, j'ai tenté l'expérience. D'après le site, je devrai plutôt m'appeler Nestor. Mais j'avais compris l'erreur de la gamine. Elle avait entré mon nom de famille et non mon prénom, qu'elle ignorait. Après tout, au collège, je suis pour eux «M. Sidi Moussa», professeur d'histoire-géographie-EMC, grand remplaçant devant l'éternel.

#4 L'un des effets de la montée spectaculaire du candidat Éric Zemmour aura aussi été la plus grande acceptation de Marine Le Pen chez ces enfants ou petits-enfants de travailleurs immigrés. Selon eux, elle ne serait pas ou plus raciste, confirmant mes analyses et observations au cours des dernières années. Face à un péril qui leur paraît imminent, à une menace qui leur semble directe, ils préfèrent donc se rassurer, sans doute comme leurs parents, en voyant l'ennemi d'hier comme un éventuel recours ou plutôt comme un problème en moins. Sauf qu'il n'y a toujours pas de sauveur costumé à l'horizon, pas de vengeur masqué pour venir redresser les torts pendant ses insomnies, pas de philanthrope célibataire qui lutte contre le crime organisé au péril de sa vie... D'autant que la réconciliation entre les insurgés du Capitole et les partisans de Black Lives Matter ne se fera pas dans les salles obscures. Mais Hollywood nous réserve peut-être quelques surprises ultraviolentes saupoudrées de libéralisme culturel.

On vous fera toujours payer le prix de votre engagement

•

13 MARS 2022

#1 Les enfants m'avaient manqué. Cela peut sembler étrange étant donné mon niveau d'épuisement avant mes vacances entièrement dédiées à l'écriture. Mais les collégiens m'apportent beaucoup plus que ce qu'ils peuvent imaginer. En y réfléchissant, il y a tout de même quelque chose de pathétique dans la joie de ces retrouvailles puisqu'il s'agit des seules personnes avec qui j'ai de réelles interactions au quotidien.

Mon choix de revenir sur les réseaux sociaux, en contradiction avec mon technoscepticisme, partait d'ailleurs de ce constat ainsi que j'ai pu le relater à un vieil ami: entre l'absence de toute forme de relation et des échanges virtuels, le choix est vite fait. J'espère que les tenants de l'ordre moral ne m'en voudront pas trop d'apprécier avec mon pouce les photos ou vidéos de femmes que je trouve agréables sur Facebook et Instagram qui, fort étrangement, me suggèrent souvent des profils de brunes pulpeuses (nouvel exemple de la dictature des algorithmes). Cela m'a même permis de mieux comprendre certains phénomènes que j'avais du mal à saisir en croisant dans la rue ou les transports en commun des personnes plus jeunes que moi: leurs mimiques, leur accoutrement, leurs poses ou leur phrasé: «Tout est une copie, d'une copie, d'une copie.»

À leurs yeux, avec ma dégaine, ma tenue ou mes expressions, je dois assurément venir d'un autre monde, périmé, peu enviable, où les affiches du Parti communiste arboraient encore une faucille et un marteau, où l'on pouvait téléphoner dans des cabines avec quelques francs, et où Stéphane Collaro déniaisait les enfants de la classe ouvrière avec ses programmes gallo-grivois (autre manifestation de l'acculturation planifiée par la bourgeoisie décadente).

En classe ou en amphithéâtre, j'aime ironiser, en rappelant que je suis plus vieux que mes élèves et mes étudiants. Et il y a une forme de sincérité dans la mesure où cela m'offre l'opportunité de leur apprendre l'existence d'un temps pas si éloigné, qui n'était ni pire ni meilleur, mais tout simplement autre sur bien des aspects. Et puis il y a aussi une forme de tristesse puisque j'ai bien conscience du poids des années: je n'aurai plus la fougue de mes 20 ans, sans avoir enterré les rêves de ma jeunesse. J'étais alors persuadé de l'imminence d'une révolution sociale. Je l'attends encore, sans trop désespérer. Avec la trentaine, j'ai surtout travaillé sur une révolution anticoloniale, avec ses drames et ses fantômes du passé. Pour la quarantaine, la révolution devra aussi être sexuelle et ludique. Bref, il me reste encore quelques mois pour y réfléchir... C'est plus sage pour mes draps.

#2 Les collégiens m'ont beaucoup parlé de la guerre en Ukraine. Des petits malins, que j'avais déjà repérés, ont essayé de me sonder lundi afin de savoir pour quel camp je penchais. Ils pensaient que notre origine commune faisait de moi un soutien de l'armée russe. Mais ils se sont aussitôt repris en me voyant froncer les sourcils. L'un d'eux, élève de cinquième, ressortait les éléments de langage de la propagande poutinienne: la Russie ne faisait donc que se défendre en attaquant... J'ai alors craint le pire pour le reste de la semaine.

Vendredi, une élève de sixième, d'origine ukrainienne –sans doute la seule de l'établissement–, s'est effondrée en larmes en plein cours. J'ai essayé de la rassurer avec des mots trop vagues. Peu après, un de ses camarades décidément plein de surprises, m'a demandé si la Russie allait confirmer son alliance stratégique avec la Corée du Nord. Je l'ai invité à venir me voir à la fin de l'heure pour en discuter car ce n'était pas le sujet du cours. Sa question m'avait perturbé. Je ne comprenais pas comment un gamin de cet âge pouvait s'intéresser à cette problématique d'une telle façon. Après la sonnerie, nous avons discuté et il était inquiet de voir se constituer une alliance entre les dictatures contre les démocraties. Il se disait prêt à se battre pour défendre la liberté. Tant d'enthousiasme chez un si jeune enfant... Cela me troublait. Je lui ai opposé quelques phrases simples laissant comprendre ma conviction profonde: si je soutiens la résistance ukrainienne face à l'impérialisme russe, je n'en demeure pas moins opposé à l'ingérence de l'impérialisme occidental et reste méfiant quant aux discours bellicistes. Partisan de l'internationalisme prolétarien, j'appuie sans réserve les appels au sabotage, à la désertion et à la fraternisation. Nous avons marché ainsi en direction du portail, en parlant de choses trop sérieuses pour un gamin. Il m'a remercié chaleureusement quand nos routes se sont séparées. Je lui souhaite de n'avoir jamais à porter une arme. Pour je ne sais quelle raison, j'ai repensé au film *À la poursuite d'Octobre rouge* (*The Hunt for Red October*), que j'avais vu et revu à l'époque du collège, au grand dam de mes petites sœurs.

#3 Jeudi, journée universitaire par excellence. Sur le premier campus, j'ai échangé devant la machine à café avec un groupe d'étudiants. Ils voulaient savoir sur quoi je travaillais en ce moment et je leur ai parlé de mon livre en préparation: la France, l'Algérie, l'extrême droite, la gauche radicale... Ils semblaient vraiment intéressés, à ma grande surprise. On a aussi discuté d'engagement, sans trop me livrer: «Cherchez donc sur Internet, vous verrez bien...» Certains m'ont alors fait comprendre qu'ils étaient militants, pas de mon bord, c'était une certitude, mais ils avaient une réelle culture politique, contrairement au reste de la promotion. L'un d'eux semblait particulièrement passionné, les

autres se faisaient plus discrets. Je me suis tout de même permis de leur donner un conseil de vieux: « Prenez vos précautions, peu importe vos convictions, car on vous fera toujours payer le prix de votre engagement. Vous êtes jeunes, vous avez le droit de changer d'avis, il vous faudra trouver un travail un jour... » Le plus exalté m'a répondu qu'il fallait savoir faire preuve de cohérence et de panache, peu importe les conséquences. J'ai souri: « Je comprends tout à fait, je n'ai pas agi différemment, mais il vaut mieux être averti des risques. » Une étudiante, restée silencieuse, a acquiescé d'un signe de tête.

Charmant, monsieur, la barbe !

•

16 MARS 2022

#1 J'ai eu comme l'impression d'effectuer une nouvelle rentrée ce lundi. Pour la première fois, je suis entré au collège sans porter de masque. Je suis arrivé très en avance, pour changer, ce qui m'a laissé le temps de poser mes affaires, d'allumer l'ordinateur, de m'hydrater et me préparer psychologiquement au choc qui m'attendait.

J'hésite. L'établissement conseille de garder un masque en intérieur pour éviter d'être éventuellement signalé comme cas contact.

Je réfléchis. La sonnerie retentit. Je quitte précipitamment la salle pour aller chercher ma classe préférée. Mais j'ai laissé mon masque dans ma poche.

J'arrive dans la cour. Les élèves de sixième sont rangés, du moins les filles, qui me dévisagent, chuchotent ou rient en me voyant approcher. Je découvre soudainement tous ces visages, ces nez, ces lèvres, ces joues qui s'animent... Un gamin me lance: «Charmant, monsieur, la barbe!» Un autre répond: «M. Sidi Moussa, il est BG!»

Je me retiens de rire mais je n'y arrive pas. En vérité, je suis tout simplement heureux de les redécouvrir, avec toutes leurs expressions, le timbre de leur voix jusqu'alors étouffé. Parfois, je suis surpris: je ne les imaginais pas ainsi.

Pendant toute l'heure, ils n'ont pas arrêté de me scruter. Eux aussi, ils m'ont redécouvert. Comment ai-je pu raisonnablement faire cours en ne communiquant qu'avec le regard –et les mains? Quelques-uns, rares cependant, ont décidé de garder un masque.

Certains élèves leur lancent des regards désapprobateurs, ce qui m'oblige à les rappeler à l'ordre.

Nous commençons donc une nouvelle année, à la mi-mars, en nous regardant dans les yeux, en lisant sur les lèvres, en nous renvoyant des expressions du visage chargées d'empathie, de compréhension et de joie non dissimulée.

Quels étranges animaux nous faisons...

Des élèves m'ont avoué qu'ils savaient déjà à quoi je ressemblais car ils ne me quittaient jamais des yeux quand je tombais le masque, l'espace d'un instant, pour avaler une gorgée d'eau. Mais ils m'ont surtout parlé des vidéos trouvées sur Internet, à commencer par mon entretien accordé à El Kadi Ihsane sur Radio M : le seul média algérien à m'avoir interviewé pour mon livre tiré de ma thèse sur les messalistes, *Algérie, une autre histoire de l'indépendance*.

Une collègue, une des rares qui échangent cordialement avec moi, m'a annoncé qu'elle avait acheté mon premier ouvrage, *La Fabrique du Musulman*, et qu'elle était fière d'avoir un intellectuel dans l'établissement.

Ses mots m'ont touché. D'autant que je ne m'attendais pas à être lu au collège. Nous avons discuté chaleureusement. J'ai parlé à mots couverts avant de me livrer. Elle ne s'était pas rendu compte du comportement des autres enseignants à mon égard.

Puis elle m'a parlé de son frère : docteur en sciences humaines, contractuel pendant plusieurs années, déconsidéré par le corps enseignant jusqu'à sa réussite au concours. Tout a alors changé : les titulaires l'ont considéré comme l'un des leurs et l'ont traité avec respect.

Dois-je préciser que cette collègue n'est pas originaire de la France métropolitaine ?

#2 La journée a été plus contrastée mardi.
En matinée, j'ai suivi une formation sur le campus où je devais retourner, quelques heures plus tard, pour faire cours à mes étudiants.

En raison d'un problème dans le métro, je suis arrivé avec dix minutes de retard. La session avait déjà commencé. J'ai donc manqué l'introduction.

Il s'agissait d'un cours magistral dispensé par une universitaire qui maîtrisait parfaitement son sujet. J'étais intéressé, même si je n'ai pas appris grand-chose. Je m'attendais néanmoins à un format différent.

Le propos me semblait très éloigné de la transmission dans le secondaire, en particulier dans un collège comprenant de nombreux élèves en difficulté qui ne comprennent pas toujours des expressions simples de la langue française.

Et puis, quelque chose m'a un peu gêné, un détail sans doute, rien de grave me dira-t-on... Mais c'était cette façon qu'avait l'universitaire de parler à des profanes, en insistant sur le lien qu'elle souhaitait maintenir entre le supérieur et le secondaire, comme pour mieux rappeler cette séparation à l'auditoire, surtout féminin et comptant très peu de descendants de l'immigration extra-européenne.

Sans doute l'ai-je pris pour moi, en raison de mon statut bâtard, tant pour le secondaire que pour le supérieur.

L'après-midi, j'ai assuré deux heures de cours au collège avec deux classes de cinquième. Certains élèves étaient déçus de me voir car j'étais annoncé absent pour la matinée. Tout s'est finalement bien passé. J'étais toujours dévisagé et je les observais avec la même curiosité.

En contrôlant les cahiers, une élève que j'apprécie tout particulièrement pour son sérieux et son attitude m'a fait une surprise. J'ai découvert, sur la page de garde de son cahier d'histoire, mon portrait, avec un chapeau, des lunettes, une barbe, une écharpe, la sacoche offerte par ma mère et des livres en arrière-plan, sans doute les miens...

Pour être tout à fait sincère, j'ai failli en pleurer.

Si j'ai une fille, un jour, je lui donnerai son prénom.

Si j'ai un garçon, en revanche, je ne lui donnerai pas celui de cet élève de quatrième sur le cahier duquel trois croix gammées étaient grossièrement dessinées. J'ai vu rouge et il a pris peur. Je lui ai fait effacer ces horreurs en lui expliquant ce que cela signifiait. Il m'a répondu que c'était l'acte d'un de ses camarades et qu'il en ignorait le sens, ce dont je doutais.

Mais il ne pouvait pas comprendre ma colère.

En réalité, je rejouais une scène qui remontait au début des années 1990.

Au collège, nous devions étudier le *Journal d'Anne Frank*, que j'avais emprunté à l'un de mes oncles. Mon meilleur ami et voisin de table avait cru drôle de dessiner une croix gammée sur une page. Cela m'avait mis hors de moi, non seulement parce que le livre ne m'appartenait pas mais aussi parce que je sentais qu'il y avait quelque chose de mauvais dans ce symbole.

J'en avais parlé à une cousine qui était surnommée Anne Frank par ses camarades ch'tis car, comme moi, elle s'était identifiée à cette fille juive, en réaction à l'antisémitisme ambiant.

#3 Je suis ensuite retourné sur le campus pour retrouver mes étudiants. J'ai confirmé mon absence pour jeudi, en raison de l'appel à la grève. J'ai observé des réactions analogues à celles des collégiens, ce que je ne me suis pas privé de faire remarquer. Épuisé, je me suis emmêlé les pinceaux dans mon plan, ce qui a fait réagir dans l'amphithéâtre. L'ambiance était tendue. Les enfants de la petite-bourgeoisie peuvent se montrer cruels avec les rejetons du prolétariat. Une étudiante, voilée, est venue me poser une question à la fin du cours. Une autre, d'origine

maghrébine, m'a demandé une lettre de recommandation pour un stage: «Vous êtes sûre de vouloir associer votre nom au mien? Réfléchissez-y bien...»

Ma vie est un spectacle tragi-comique qui se joue à huis clos

•

20 MARS 2022

#1 Jeudi matin. Mon taxi a un peu de retard sur l'horaire prévu. C'est toujours étrange pour moi que de me faire conduire par une personne étrangère à ma famille ou à mes proches. Les transports du quotidien demeurent encore associés, pour la région parisienne, au métro, tramway ou bus. Mais la radio m'a fait une proposition que je ne pouvais pas refuser. Merci à ce qui reste de service public d'information.

Le véhicule arrive enfin à ma hauteur. Le chauffeur enfile un masque. Je lui demande si je dois en faire autant et il me met aussitôt à l'aise. Du moins dans un premier temps. Il est du genre bavard et particulièrement stressé. Il m'apprend qu'il souhaitait se reposer après un cycle de travail entamé la veille à 17h. Puis il poursuit en affirmant qu'on ne pouvait pas s'en sortir ici avec le coût de la vie, les factures, les impôts… Il évoque aussitôt l'Algérie pour me convaincre qu'un simple maçon peut vivre dans une villa alors qu'en France un cadre parvient à peine à joindre les deux bouts. Il attend mon acquiescement en regardant dans le rétroviseur. J'ai les yeux dans le vague. Le voyage risque d'être long.

Je comprends assez vite que le véritable motif de son agacement n'est pas le pouvoir d'achat mais son divorce. Soudain, il se penche sur son téléphone et insulte copieusement quelqu'un, en français et en kabyle. J'étais sidéré. Il s'excuse benoîtement, se calme deux minutes avant de recevoir un appel qui le met dans tous ses états. Je n'étais jamais tombé sur un chauffeur aussi vulgaire. Il faisait des grands gestes et tapait sur le volant, me faisant craindre un accident sur le périphérique. Une mort stupide en somme.

Fort heureusement, il finit par raccrocher. Il ne s'excuse pas et tente de m'expliquer. Je comprends avoir affaire à un homme qui a été touché dans son orgueil et sa virilité: une personne dangereuse. Ayant compris, par je ne sais quel indice, qu'il conduisait un compatriote, il me lâche: « N'épousez jamais une Kabyle ! Elles sont fades, occidentalisées, hypocrites. Cherchez une personne de bonne famille. Une fille, c'est ses parents. »

Après ce sketch, allez parler sérieusement d'histoire, de mémoire, d'Algérie, de France ou que sais-je encore...

#2 Vendredi après-midi. Je termine enfin ma semaine de cours en pensant au travail qui m'attend: préparation de mes interventions prévues le lendemain, écriture de mon livre, correction de copies. Bref, la routine.

Après avoir éteint les lumières et fermé la porte de la salle, je choisis de traverser la cour de récréation pour quitter le collège. Une nouvelle habitude qui ne me déplaît pas car on y voit les élèves évoluer autrement dans cet espace qui est d'abord le leur, où le fait de courir et de crier n'est pas interdit et semble même obligatoire pour certains.

On comprend mieux ce qui se joue en classe en repérant les affinités ou regroupements qui ne s'observent qu'à l'air libre – loin du carcan imposé par les lieux clos. Immanquablement, cela me renvoie à ma propre enfance, à ce fameux « coin des Arabes » ou « coin des Floralies » où se retrouvaient les petits durs du collège Alphonse-Terroir à Marly, à l'abri des regards de l'équipe pédagogique. Il y avait aussi le préau, occupé prioritairement par les Segpa (Sections d'enseignement général et professionnel adapté), des élèves en grande difficulté, qui subissaient les moqueries – mais aussi les coups – des mauvais éléments des filières générales. Sans doute parce qu'ils avaient conscience d'avoir évité de peu une telle humiliation scolaire, malgré leurs blagues sur les projets d'orientation en BMF (brevet de marchands de frites). On trouvait aussi des bancs dans cette cour immense, où se posaient souvent des filles que je trouvais jolies mais que je n'osais absolument pas aborder, d'autant qu'elles venaient d'un milieu social plus favorisé que le mien, ce que l'une d'elles n'avait pas manqué de me rappeler la seule fois où j'avais réussi à surmonter ma timidité.

J'ai été sorti de cette rêverie par les cris de deux collégiennes courant après moi: « M. Sidi Moussa ! M. Sidi Moussa ! » Ces élèves de sixième, que j'apprécie tout particulièrement, s'arrêtent à ma hauteur. Je me penche pour leur parler en raison de leur taille: « Oui? Que se passe-t-il? » L'une d'elles me fixe en murmurant: « Non, rien, c'était juste pour regarder vos yeux. » Et elle se tourne vers sa camarade: « Tu as raison, ils sont trop beaux ! » Puis elles poursuivent leur course sans même me saluer.

Je suis encore dans la cour, je n'ai pas encore traversé le portail mais je presse le pas afin de m'isoler dans une ruelle pour éclater de rire.

Quelle impudence !

#3 Samedi soir. Le taxi me dépose devant le siège d'une chaîne de télévision que j'ai l'habitude de regarder durant mes soirées solitaires. On m'a invité pour réagir au discours d'Emmanuel Macron que j'ai suivi en direct, partagé entre l'agacement et la tristesse. Un vigile vient à ma rencontre et je le renseigne:

« Bonsoir, je suis invité.

— C'est pour le football?

— Euh... non, c'est pour le journal de 20h.

— En arabe?

— Non plus. En français...

— Bon, suivez-moi. »

Ma vie est un spectacle tragi-comique qui se joue à huis clos.

On vient me chercher et je découvre les coulisses. J'ai une

discussion passionnante avec la maquilleuse. Je fais des blagues idiotes, à mesure que ma peau change de coloration, pour évacuer le stress. C'est la première sollicitation d'une telle envergure après avoir longtemps boycotté la télévision pour des raisons politiques – mais aussi par manque de confiance, l'un n'allant pas sans l'autre.

Mon père et mon vieil ami m'avaient convaincu de ma responsabilité en la matière, sans trop me mettre la pression. D'ailleurs, ils n'avaient pas besoin de le faire. J'y arrive très bien tout seul. J'avais d'ailleurs oublié de prévenir mes proches de ce passage.

Beaucoup d'idées se sont mélangées dans ma tête avant mon entrée sur le plateau. J'ai pensé à tous les angles possibles et imaginables pour critiquer l'intervention du président, sur la forme et sur le fond, mais aussi l'impasse, qui me paraît désormais flagrante, du prisme mémoriel.

Et l'émotion. Toujours.

La faute aux membres de ma famille, pourtant indépendantistes, victimes de l'armée française, du Front de libération nationale (FLN), de l'OAS ou de la force locale.

Ils étaient messalistes.

Un détail.

C'est le meilleur cours de l'année

•

1er AVRIL 2022

J'ai sifflé «Let it snow» en sortant pour aller au collège. Le concierge de l'immeuble voisin, que je croise tous les jours, m'a regardé, un peu étonné, pendant qu'il sortait les poubelles. J'ai pensé à une chose étrange à mesure que je m'approchais de la station: c'était bien la première fois que j'allais travailler le sourire aux lèvres. La distributrice d'un journal gratuit m'a remis d'autorité un exemplaire dans les mains sans que je n'y trouve rien à redire. Je l'ai même remerciée. Puis, quelques secondes plus tard, j'ai croisé dans les escaliers des adolescentes, jumelles, qui devaient rejoindre leur lycée: j'étais donc à l'heure, bien à l'heure. Voilà à quel genre de détails, le seul à vrai dire, je me repère dans l'anomie quotidienne. Mais là ne résidait pas la cause de mon bonheur.

En effet, après une nouvelle nuit blanche arrosée de Red Bull, j'avais réussi à respecter les termes de mon contrat en envoyant à mon éditrice le manuscrit de mon prochain ouvrage. Plusieurs idées contradictoires se sont bousculées au moment où j'ai cliqué sur le bouton «envoyer». La satisfaction, d'abord, d'avoir réussi à écrire malgré les cours au collège (et les conseils de classe), ceux à l'université (le semestre n'étant pas encore terminé dans les établissements où j'exerce) et les quelques sollicitations que je n'avais pas pu refuser au cours de la dernière période (coïncidant avec le soixantième anniversaire de l'indépendance algérienne, ce qui m'a permis de vérifier, au cas où on en douterait, mon statut d'outsider).

Beaucoup de fatigue aussi. Comment le nier? J'ai failli m'excuser auprès de mes étudiants, même si mes conditions de travail (après tout, je ne suis que vacataire, ce qui semble tout à fait abstrait pour certains) et l'attitude de quelques-uns (d'une incorrection toute petite-bourgeoise) m'ont empêché de le faire. D'ailleurs, lors de mon dernier cours, dans l'ouest parisien, je me suis permis de leur expliquer la cause de mes traits tirés et de mes hésitations prolongées: «Vous avez sans doute remarqué, ces dernière semaines, mon état d'épuisement prononcé. Je suis simplement sur le point d'accoucher de mon cinquième bébé.» L'amphithéâtre m'a spontanément applaudi et félicité. J'en étais ému, presque gêné. Je ne m'y attendais vraiment pas, surtout après une séance durant laquelle je me suis senti bien peu convaincant.

Une autre expérience, dans ma seconde université, m'avait convaincu que je tenais quelque chose. Suite à leur proposition, j'avais organisé mes trois heures en m'appuyant sur un chapitre de mon livre testé sur eux, en exclusivité. Un étudiant est venu me dire à la pause: «C'est passionnant! C'est le meilleur cours de l'année.» Je crois les avoir captivés précisément parce que j'étais moi-même passionné par le sujet et qu'il s'agissait du fruit de mes entrailles. D'ailleurs, j'ai réalisé quelque chose d'assez perturbant. À mon âge, mon père avait eu cinq enfants. Pour ma part, j'avais donc écrit cinq livres que j'aimais avec la même force, tout en connaissant les défauts et les qualités de chacun. J'aurais au moins laissé quelque chose derrière moi puisque ce qui m'importe plus que tout, c'est d'armer intellectuellement et politiquement les générations montantes.

J'adore échanger avec mes étudiants: ils m'apprennent beaucoup et j'espère leur transmettre un peu. J'ai eu l'occasion de discuter tout particulièrement avec certains d'entre eux pendant les pauses-café ou dans les transports en commun. Je pense en particulier à deux personnes. L'un, clairement nationaliste m'a fait penser à ce que je pouvais être à son âge (c'est-à-dire un adversaire politique, quoique cultivé). Et l'autre, révolutionnaire, étranger, surdoué, que je considère comme un camarade même si, pour la forme, pour respecter ce cadre qui ne trompe personne, je le vouvoie encore. Et puis il y a tous les autres, qui viennent de temps en temps, avant ou après le cours, me raconter leur vie, demander des précisions sur une notion ou une séquence. J'ai parfois l'illusion d'être utile même si je ne suis fondamentalement qu'un bouche-trou dans l'industrie de la formation. Ce qui permet de garder les pieds sur terre.

Après avoir envoyé mon manuscrit, une nouvelle idée m'a traversé l'esprit : combien d'amis allais-je gagner ? Combien allais-je en perdre ? Les lecteurs ignorent souvent la petitesse des rapports entre auteurs et intellectuels. La parution de mon premier livre, en 2017, m'a servi de leçon. J'ai vu des personnes me tourner le dos du jour au lendemain. D'autres, n'accepter de me voir qu'en prenant mille et une précautions, comme s'il s'agissait d'un rendez-vous clandestin. Et puis, il y avait tous ceux qui préféraient ne pas en parler, ce qui était une manière autrement explicite de me signifier leur embarras. Je précise qu'il s'agit surtout d'individus gravitant dans les cercles universitaires, médiatiques et militants, des milieux où bien trop de choses se jouent sur la réputation, les rumeurs, les ouï-dire, les modes, etc. Où l'on ne sait pas si l'on doit exprimer ce que l'on pense vraiment ou ce qui est solvable à l'instant T sur le marché des idées.

Deux salles, deux ambiances. Le collège me ramène en enfance. Ce grand écart pédagogique devra bien cesser un jour même si je n'ai clairement aucune alternative professionnelle, à l'université ou ailleurs. J'espère, comme chaque année depuis 2013, que celle-ci sera la bonne mais j'ai fini par me faire une raison, pour la France du moins, à mesure que les rides se creusent et que les poils blancs apparaissent. En banlieue nord, les élèves m'ont appris que c'était bientôt le ramadan. Mais ce sacré mois représente surtout de lointains souvenirs de jeunesse, de convivialité, de retrouvailles en famille, bref, plus rien à voir avec ma vie actuelle. Que mes ancêtres me pardonnent mais je passe encore mon tour. Ce qui n'enlève rien à l'amour que je porte aux miens, même si je suis différent d'eux sur ce plan. Je préfère apprendre aux jeunes à réfléchir par eux-mêmes plutôt qu'à suivre les croyances de leurs parents. Il n'y a pas de paradis pour les gens de mon espèce. La vie est courte. *Carpe diem*.

Il ne faut pas donner trop de liberté aux gens

•

10 AVRIL 2022

#1 Jeudi. J'ai donné mon dernier cours à l'université. J'ignore quand je pourrai retrouver l'ambiance si particulière des amphithéâtres. C'est sans doute pourquoi il y avait un peu plus de tristesse dans ma voix, de la fatigue aussi, mais je pouvais encore gérer l'émotion ou le stress. En raison d'un problème d'imprimante – qui m'a empêché de sortir un texte inédit – j'ai proposé, pour terminer le semestre en beauté, de reprendre mes réflexions sur l'essor de la politique de l'identité et le déclin du discours de classe, présentées le 19 mars lors d'un passionnant atelier animé par une amie psychanalyste. La discussion avec les étudiants – moins nombreux qu'à l'accoutumée – s'est révélée passionnante elle aussi.

L'enseignement ne prend tout son sens que dans ces moments de réflexion collective. J'ai tout de même senti une forme d'autocensure chez certains, peu habitués à prendre la parole publiquement, ou à contredire leur professeur. Peut-être une forme de timidité. J'ai tenu à les remercier chaleureusement pour cet échange et ce semestre, en leur rappelant de façon plus explicite mes inquiétudes au sujet de la destruction du service public, ainsi que de la concurrence et de la précarisation généralisées. Mais il ne fallait en aucune façon céder au défaitisme ambiant. Leur génération doit éviter de répéter les erreurs des précédentes – la mienne en particulier.

Après leurs applaudissements nourris – qui ont failli m'arracher une larme –, j'ai enfin invité à poursuivre la discussion, pour ceux qui le souhaitaient, dans un endroit plus convivial.

Spontanément, quelques étudiants sont venus me remercier. J'en étais gêné car j'aurais aimé faire bien plus encore –et puis, en repensant à mon statut de vacataire, aux semaines chargées au collège, à l'autre cours dans une université lointaine, aux articles et interventions autour du soixantième anniversaire de l'indépendance algérienne, sans oublier mon prochain livre, je finissais par me convaincre que ce n'était déjà pas si mal pour un fils et petit-fils d'ouvriers.

Nous sommes donc partis vers un bar voisin pour refaire le match. Moi, l'ancien sorbonnard, abîmé par les épreuves de la vie et les illusions perdues, entouré de jeunes banlieusards –la génération Covid-19, qui a découvert la violence du monde avec les attentats de 2015. J'ai payé ma tournée. Je les ai trouvés beaux et brillants, curieux et lucides également. Ils avaient le temps de faire leurs propres expériences et de partager une amitié authentique.

#2 Vendredi. Retour au collège. Avec un groupe de sixième, je termine mon cycle sur les élections. Après avoir abordé le rôle du président puis le clivage gauche/droite, j'ai tenté de leur expliquer, toujours avec des mots simples, à quoi servent les partis politiques. Une pure abstraction pour l'écrasante majorité des élèves, à une exception près, et encore... Le cirque électoral vu par les enfants du prolétariat immigré a quelque chose de fascinant.

Trois ou quatre candidats évoquent vaguement quelque chose pour eux, comme pour leurs camarades des autres niveaux: Emmanuel Macron (jugé négativement à cause des Gilets jaunes mais rassurant par rapport aux autres), Éric Zemmour (le mal absolu, qui veut leur faire changer de prénom ou les expulser de France), Marine Le Pen (perçue comme étant moins dangereuse que le précédent, malgré des doutes sur son racisme) et, enfin, Jean-Luc Mélenchon (mentionné plutôt positivement, sans bien saisir ce que sont ses idées).

À la maison (ou plutôt dans l'appartement de la cité), il n'y a plus de journal papier depuis belle lurette, on ne regarde pas les informations à la télévision, on n'écoute pas non plus la radio, il n'y a pas de militant connu dans l'entourage proche ou le quartier.

En début de semaine, une agente d'entretien m'a fait part de son horreur devant la brutalité poutinienne –nous avons alors parlé du retour de l'archaïsme, de la barbarie et de l'impérialisme– ainsi que de son effroi suite à l'intervention de Philippe Poutou sur TF1. Le candidat trotskiste ne lui semblait pas sérieux en raison de son accoutrement mais aussi à cause de sa proposition visant à désarmer la police qu'elle associait à sa disparition: «Vous imaginez un peu? Déjà, avec la police en arme, les criminels et les voleurs courent toujours, alors une société sans police? Ah non! Il ne faut pas donner trop de liberté aux gens. Liberté, liberté, liberté... On sait où ça mène. Je suis contre!» J'en étais stupéfait même si j'avais déjà entendu un discours de type autoritaire chez certains collégiens.

#3 Samedi. À la veille du premier tour des présidentielles, je ne me suis jamais senti autant étranger en France, mon pays de naissance. De l'avis de nombreux électeurs potentiels, la campagne s'est caractérisée par une médiocrité abyssale. Je partage cet avis même si je n'ai plus aucune illusion sur la démocratie représentative depuis bien des années. Si ma mémoire est bonne, mon dernier vote remonte à 2007.

L'excès de travail de ces derniers mois m'a tenu à l'écart de ce rituel républicain, en particulier sous sa forme médiatique. Je n'ai suivi aucun débat télévisé, contrairement aux éditions précédentes, pas plus que je n'ai assisté au moindre meeting –ce qui ne m'a pas empêché de lire ou de me tenir informé, même si les débats britanniques ou états-uniens me semblaient plus séduisants.

Par un de ces hasards objectifs, je me suis trouvé samedi dernier dans un quartier où venait de se tenir un événement politique.

Le café où j'attendais mon rendez-vous s'était subitement rempli de militants aussi jeunes qu'incultes. Je n'ai pas pu tenir bien longtemps tant cela relevait de l'agression intellectuelle. J'ai donc changé d'endroit car ce que j'entendais m'insupportait.

Au cours de la dernière période, j'ai surtout été frappé par l'apathie de mes contemporains – qui contrastait avec l'agitation désespérée des militants virtuels –, comme si la séparation entre les représentants et les représentés n'avait jamais été aussi nette ou absurde à la fois. On ne pourra pas tout expliquer par la pandémie ou la guerre en Ukraine.

J'ai mieux compris le malaise en revenant sur les réseaux sociaux, en mesurant l'avancée ininterrompue de la pénétration capitaliste dans tous les aspects de la vie, à commencer par la marchandisation de soi, y compris dans les milieux contestataires dont les éléments les plus médiatisés ont beaucoup à avoir avec les prédicateurs et les *squirteuses* qui jouissent de la passivité des masses atomisées.

Il y a une folle qui n'aime pas les Musulmans

•

13 AVRIL 2022

Lundi. En montant les escaliers, j'ai senti l'impatience des élèves à vouloir discuter du premier tour. Ce qui tombait plutôt bien puisque j'avais prévu de clore cette semaine le cycle des séances sur les élections.

Tous, de la sixième à la quatrième, avaient entendu parler des résultats sur les réseaux sociaux mais seule une minorité avait suivi la soirée électorale avec des parents ou des proches. Une grande majorité, du moins la plus bruyante, a fait part de sa déception concernant l'élimination de Jean-Luc Mélenchon. Certains étaient persuadés qu'il avait encore une chance d'être qualifié avec le recomptage des bulletins, d'autres croyaient mordicus que les élections avaient été truquées. J'avoue avoir été quelque peu surpris par cet enthousiasme tardif qui contrastait nettement avec le désintérêt pour le candidat de l'Union populaire que j'avais pu observer depuis le début de la campagne chez les collégiens, surtout inquiets des provocations racistes d'Éric Zemmour.

J'ai projeté un court sujet de France 24 sur la soirée électorale pour les faire réfléchir sur le sens des déclarations des candidats éliminés, les consignes de vote, l'enjeu du second tour et le poids des indécis. Leurs réactions étaient aussi spontanées qu'impressionnantes à la vue de Marine Le Pen, devenue soudainement l'adversaire prioritaire –mais pas forcément l'ennemie– d'Emmanuel Macron –qui leur apparaissait par contraste plus rassurant, sans pour autant susciter l'adhésion– et de Jean-Luc Mélenchon, qui provoquait immanquablement applaudissements, cris de joie ou rires – en raison de sa phrase répétée plusieurs fois : « Il ne faut pas donner une seule voix à Mme Le Pen. »

Mais je voulais aussi les amener à comprendre les chiffres annoncés dans les médias. Pour ce faire, je me suis appuyé sur les résultats du ministère de l'Intérieur – tout le monde déteste la police… sauf pour comprendre les institutions françaises et analyser la grand-messe républicaine.

Premier tableau : celui comprenant la liste des candidats classés suivant le nombre de voix obtenues. Surprise, les gamins se sont montrés particulièrement cruels à l'égard de Philippe Poutou (0,77 %) et de Nathalie Arthaud (0,56 %) à cause de leurs faibles résultats. Les deux derniers n'avaient droit qu'aux moqueries des collégiens, sans aucune forme d'empathie – notion pourtant étudiée lors des séances précédentes. Il leur fallait se déterminer par rapport aux poids lourds et j'en profitai pour souligner le fait que ce premier tour s'était effectivement joué entre trois candidats, sans pour autant m'attarder sur les explications insaisissables à ce niveau. J'ai attiré leur attention sur la différence entre les pourcentages des inscrits et des exprimés – ce dont ils n'avaient jamais entendu parler, naturellement.

Deuxième tableau : celui comprenant les chiffres des inscrits, des abstentions – plus de 12 millions, ce qui est supérieur aux voix obtenues par le président sortant –, des blancs et des nuls – sans jeu de mot douteux à la clé. J'avoue avoir pris un malin plaisir à leur expliquer les raisons et les motivations éventuelles des abstentionnistes – davantage associées à la « flemme » chez eux plutôt qu'à la contestation – ou des électeurs ayant décidé de voter blanc ou nul – ces deux options apparaissant plutôt incompréhensibles à leurs yeux.

Troisième tableau : celui des résultats en Île-de-France. Jean-Luc Mélenchon (30,25 %) y a légèrement devancé Emmanuel Macron (30,19 %). Il s'agissait de les amener à comprendre que l'on pouvait voter différemment selon les régions et que la banlieue parisienne n'était pas tout à fait à l'image du reste de la France au plan électoral, ce que les plus éveillés parvenaient à saisir en tentant de formuler leurs propres explications: il y a tout simplement plus de jeunes et d'étrangers dans notre région. Certes... J'avance néanmoins une objection: les élections ne sont-elles pas réservées aux citoyens français, ainsi que nous l'avons vu? Le doute s'installe.

Quatrième tableau: celui des résultats dans la commune où vivent les collégiens. Cela devenait bien plus compréhensible et croustillant pour eux. Jean-Luc Mélenchon a dépassé les 40% –ce qui a provoqué des applaudissements, des cris de joie mais aussi quelques soupirs de déception: «C'était mon préféré...» ou alors: «Je voulais voter pour lui» – tandis qu'Emmanuel Macron n'a pas réussi à atteindre les 30%. Petite inquiétude toutefois en réalisant que Marine Le Pen et Éric Zemmour se sont maintenus dans le top 5: «Mais qui a bien pu voter pour eux dans la ville?»; «Il y a trop de racisme dans la ville»; «Il y a une folle qui n'aime pas les Musulmans»...

Je leur demande pourquoi, à leur avis, les scores sont si différents par rapport au reste de la France ? Ils se livrent alors à une analyse électorale –qui vaut sans doute autant que ce qu'ai pu lire depuis dimanche sur les réseaux sociaux– toute en fraîcheur et en décontraction juvéniles: «Il y a plein d'Arabes et d'étrangers dans la ville, surtout dans le quartier X et Y.» J'entends bien mais qu'est-ce qui motive les habitants de la commune à voter pour un candidat plutôt qu'un autre? «Beaucoup de jeunes qui ne votaient pas d'habitude se sont motivés à la dernière minute pour Mélenchon parce qu'il n'est pas raciste.» Cela me semblait un peu fabriqué mais pas inintéressant. J'ai entendu de nombreux élèves me sortir la même explication. La plupart se présentant comme étrangers ou musulmans et percevant les candidats suivant une grille de lecture binaire raciste/antiraciste.

Je ne niais pas l'importance de la question, loin de là, mais était-ce vraiment la seule motivation ? Il y a sans doute beaucoup de citoyens français d'origine étrangère dans la ville mais n'y a-t-il pas une autre dimension qui pourrait les amener à voter pour un candidat marqué à gauche ? Silence, hésitation, murmures...

Ne sommes-nous pas au cœur d'un quartier populaire, avec de nombreuses familles modestes, un taux de chômage plus important, des enjeux liés aux services publics, etc. ?

J'ai cru sentir chez quelques-uns de la compréhension après un instant de réflexion.

Pour les autres, le chemin sera plus long.

La question sociale...

Monsieur, ça veut dire quoi LGBTIphobies ?

•

14 AVRIL 2022

Mercredi. J'ai terminé la matinée avec deux groupes de sixième particulièrement agités. Ils avaient, comme les classes précédentes, beaucoup de choses à dire sur les élections. Sans surprise, ils ont exprimé la même déception concernant l'élimination de Jean-Luc Mélenchon dont ils ignoraient à peu près tous le nom quelques jours auparavant. J'ai cherché à canaliser leur fougue à travers les mêmes activités mises en place depuis lundi pour comprendre les résultats du premier tour. D'aucuns ont dit d'Albert Camus qu'il était un philosophe pour classes de terminale : me voilà politiste pour collège classé en REP…

Les séances se sont terminées avec le même « jeu », lequel provoquait immanquablement des réactions très contrastées. J'ai distribué à chacun – et au hasard – les professions de foi des douze prétendants. Tous espéraient éviter Éric Zemmour – voire Marine Le Pen – et priaient pour tomber sur le candidat de l'Union populaire.

J'ai pris le soin de leur expliquer que tous les citoyens inscrits sur les listes électorales ont reçu en théorie une enveloppe contenant ces documents ainsi que des bulletins de vote. Ensuite, j'ai précisé le but de l'exercice : repérer trois idées importantes et les présenter à la classe, en partant du principe qu'elles ne reflètent pas nécessairement nos convictions – ou qu'elles peuvent même se situer aux antipodes de nos valeurs. Il fallait néanmoins faire un effort de compréhension et se confronter à ce qui nous dérange, ne serait-ce que pour combattre certaines idées qui ont envahi l'espace public.

J'ai vite compris que j'avais placé la barre trop haut et qu'il aurait fallu plus de temps pour aller au bout de la démarche. Une élève s'est révoltée à cause de la mauvaise pioche. Elle s'est littéralement mise à hurler en quittant sa place. Il m'a fallu la ramener à la raison en lui rappelant que je comprenais sa colère et que le programme des candidats d'extrême droite ne correspondait en rien à mes engagements – néanmoins, il était important de savoir précisément ce qui nous dérange chez eux. Elle semblait moyennement convaincue. D'autres ont pris plaisir à se plonger dans ces textes rédigés dans une langue trop souvent obscure pour leur âge et leur environnement.

Le texte de Philippe Poutou a systématiquement provoqué l'embarras des élèves, souvent déçus de tomber sur un candidat peu connu, de surcroît ouvrier – ce qui provoquait des blagues douteuses sur son physique. J'ai eu droit aux mêmes questions:

«Monsieur, ça veut dire quoi LGBTIphobies?

— Monsieur, c'est quoi le validisme?

— Monsieur, c'est quoi anticapitaliste?»

Les moins chanceux, tombés sur Marine Le Pen, étaient persuadés de trouver des paragraphes entiers stigmatisant l'islam et les musulmans afin de pouvoir les exposer à leurs camarades. Assez vite, pourtant, j'ai lu une forme d'inquiétude sur leurs visages. La haine n'était pas suffisamment explicite. Il fallait donc lire entre les lignes. Une élève, particulièrement vive d'esprit, a cru lever le lièvre en citant la phrase suivante: «Les délinquants français seront mis en prison et les délinquants étrangers dans l'avion!» Elle l'a prononcée d'une façon si théâtrale que cela n'a pas manqué de faire rire la classe. Une fois l'attention revenue, j'en ai profité pour expliquer ce qu'était la double peine et les problèmes qu'elle soulevait.

Les choses étaient plus claires du côté d'Éric Zemmour qui dénonce «l'islam conquérant» et propose d'«interdire le port du voile islamique dans l'espace public». Ce qui n'a pas échappé à la sagacité des élèves et provoqué une vive discussion sur le thème du «deux poids deux mesures». Une fille déclarait qu'elle ne comprenait pas pourquoi les chrétiennes avaient le droit de porter le voile mais pas les musulmanes – elle ne tenait plus en place et commençait à s'emporter en évoquant le sujet, ce qui m'a conduit à l'inviter calmement mais fermement à baisser d'un ton. Sa camarade a aussitôt renchéri en affirmant avoir été punie par un professeur parce qu'elle portait le voile à l'extérieur de l'établissement – une pure exagération connaissant le collègue incriminé. Devant mes demandes d'explication, l'élève a dû reconnaître qu'elle avait été sanctionnée pour avoir renversé du sucre sur sa table...

«Chers élèves, il y a des sujets très sérieux et il faut en parler sérieusement. Je me sens particulièrement concerné par le problème de la discrimination ou du racisme pour le connaître moi-même. Je vous invite donc à faire très attention avant de lancer des accusations gratuites contre tel ou tel enseignant, surtout quand il s'agit de personnes qui vous veulent du bien. Cela peut avoir des conséquences dramatiques mais surtout, cela pourrait nuire à d'autres personnes qui seraient effectivement victimes de ces calamités.»

Ma phrase était trop longue. J'en avais déjà perdu quelques-uns à mi-chemin. Mais j'ai tenu à rebondir sur cet échange pour attirer leur attention sur le fait que ce qui était central pour eux, à leur âge, ne l'était pas nécessairement pour les autres et encore moins pour tous les candidats. Les médias, les réseaux sociaux ou leur entourage pouvaient avoir tendance à exagérer l'importance de certaines thématiques au détriment de problématiques non moins cruciales pour la société dans son ensemble. D'ailleurs, n'y avait-il pas d'autres sujets abordés dans les professions de foi que le racisme ou l'antiracisme?

Après un moment d'hésitation, certains élèves osent se lancer: «L'économie!

— L'éducation !

— La santé ! »

— L'environnement !

— Et à votre avis, est-ce que ce sont des questions importantes ou pas ? »

Après un instant de réflexion, les mêmes me répondent :

« Ben oui, quand même...

— C'est notre avenir...

— Ça nous concerne tous... »

— Vous pensez qu'on devrait en parler davantage ?

— Évidemment !

— Mais c'est compliqué à comprendre... »

J'ai senti une réelle appétence chez ces élèves pour des questions éminemment politiques malgré les problèmes de vocabulaire – qui reflètent à la fois la séparation entretenue par les spécialistes de la représentation et la dépolitisation des couches défavorisées.

Nul ne pourra prétendre intervenir, d'une façon ou d'une autre, en direction d'un prolétariat riche de sa diversité, en s'enfermant dans un jargon radical-chic –qui ne parle qu'aux bac+5– ou en s'adaptant, d'une manière opportuniste, aux discours identitaires –qui ne constituent pas des leviers de transformation sociale.

Je ne veux pas qu'on me jette le mauvais œil

•

15 AVRIL 2022

Vendredi. À la première sonnerie, je suis descendu chercher ma classe de sixième dans la cour. On ne dira jamais assez à quel point ce rituel est stressant et abêtissant. Depuis mon réveil avec France Culture –une habitude qui remonte à mon parcours universitaire au cours duquel je suis passé de France Info à France Inter sans oublier RFI–, je n'ai cessé de regarder ma montre. Tout se joue à une minute près: de la douche au laçage des chaussures en passant par le petit déjeuner ou les correspondances durant le trajet. Le professeur se doit d'être exemplaire et ne peut se contenter d'arriver à l'heure; il lui faut être en avance, même s'il réside aux antipodes.

Les élèves ne sont pas censés savoir tout cela. Leur univers reste celui du quartier, de l'autorité parentale et de la discipline scolaire.

Sur le chemin de la salle, une gamine me demande l'autorisation de pouvoir dormir en cours si l'envie lui prenait. Cette requête me surprend et je cherche à comprendre:

«Je me suis couchée tard, monsieur...

— À quelle heure?

— Une heure du matin et je me suis levée vers sept heures...

— Mais ce n'est pas assez pour ton âge (je pensais à ma nuit blanche en lui faisant cette remarque aux accents tout paternels), comment ça se fait?

— J'ai lu un livre qui me plaisait beaucoup puis je suis tombée de fatigue...

— C'est très bien de vouloir lire, je t'y encourage ! En revanche, tu dois te coucher plus tôt. » (Un conseil que je devrais commencer par suivre.)

Le cours commence plutôt bien, privilège de la première heure. Soudain, un collègue m'invite à le rejoindre dans le couloir pour discuter d'un problème urgent :

« On a un problème de laïcité avec cette classe : c'est pour *La Fabrique du Musulman*...

— Comment ça ? (Sueurs froides.)

— On a reçu des appels de mères très inquiètes. Des élèves font pression sur leurs camarades depuis le début du mois de ramadan. Ils les menacent de l'enfer et d'autres terribles malédictions s'ils ne jeûnent pas.

— Ils ne sont qu'en sixième, c'est dingue ! En y repensant, on n'était pas mieux qu'eux à leur âge...

— On n'était pas mieux qu'eux, c'est bien vrai, mais là, ce sont des mères musulmanes, voilées, qui flippent pour leurs enfants et nous appellent, il faut donc réagir.

— Mais je n'ai jamais eu ce problème dans cette classe.

— En tout cas, ça se passe dans la cour de récréation d'après nos retours.

— Je reconnais avoir été confronté à des murmures en quatrième ; un élève était traité de "faux rebeu" parce qu'il assumait le fait de ne pas jeûner. J'ai immédiatement remis à sa place celui qui le dénigrait et il n'y a pas eu de récidive, du moins pas en ma présence.

— Ils sont assez cruels entre eux.

— J'en suis bien conscient. Mais pour cette classe, qui doit intervenir ?

— C'est pour *La Fabrique du Musulman* ! » (Rires.)

Et il disparaît après cet échange. Dire que je ne suis même pas professeur principal. Bref, je retourne dans la salle que je trouve anormalement calme. Les élèves les plus proches du couloir me disent avoir tout entendu et m'assurent n'être pour rien dans le vol des stylos quatre couleurs (une calamité dans ce collège): ils n'avaient strictement rien compris à la discussion entre adultes, ce qui n'était pas plus mal.

Je tente un instant de reprendre le cours avant de fermer bruyamment le manuel.

Des images se bousculent dans ma tête. Je revois le collège Alphonse-Terroir, à Marly. Les blagues cruelles que nous faisions sur nos camarades maghrébins qui ne jeûnaient pas. Cette fierté puérile à tirer une langue bien blanche, à exhaler cette haleine fétide, comme autant de preuve de notre appartenance au groupe. Je songe à toutes ces insultes reçues après avoir pris mes distances avec la communauté – en particulier à ces femmes, jeunes et intolérantes, qui ne désiraient mon pénis circoncis qu'à la condition de taire ma déviance. Pas de bras, pas de chocolat (et vice versa)... Je repense au fait d'avoir attendu tout ce temps pour dire franchement à ma mère que je n'étais plus concerné par le ramadan. Et ce vieil ami, camarade et professeur, qui n'a publiquement déclaré son athéisme qu'après avoir dépassé les 85 ans.

«On vient de m'avertir d'un problème important et je demande toute votre attention. Vous savez que je ne vous ai jamais demandé si vous aviez une religion ou non. C'est vrai ou pas?

— Oui, c'est vrai.

— Vous savez aussi que j'ai toujours refusé de répondre à vos questions concernant mes origines ou mes croyances. C'est vrai ou pas?

— Oui, c'est vrai.

— J'ai eu votre âge. J'étais à votre place. Et certaines choses étaient très importantes pour moi quand j'étais enfant. Mais aujourd'hui, surtout en tant que professeur, je tiens à ce que vos croyances ou votre incroyance, vos pratiques ou votre absence de pratique, restent une affaire privée. Je l'ai déjà répété plusieurs fois depuis le début de l'année. C'est vrai ou pas?

— Oui, c'est vrai.

— On vient donc de me prévenir de quelque chose que je trouve assez grave. Et je compte sur votre intelligence pour comprendre le problème. Des mères de famille, vos mères, ont appelé le collège parce qu'elles s'inquiètent pour vous. Elles ne comprennent pas pourquoi certains élèves jouent sur les peurs de leurs petits camarades qui ne suivent pas telle ou telle règle religieuse. Il est inacceptable de mettre la pression pour cette raison ou pour une autre. C'est vrai ou pas?

— Oui, c'est vrai.

— Alors je ne sais pas qui est responsable. On ne me l'a pas dit et je ne veux pas le savoir. En revanche, vous savez que vous avez le droit de venir m'en parler. Je serai toujours là pour vous écouter et vous soutenir s'il le faut... Il y a des principes sur lesquels je ne transige pas. »

Les élèves m'ont écouté dans un silence de mort, sans m'interrompre un seul instant, ce qui est plutôt rare. Je leur ai parlé avec autorité, bienveillance et conviction. Et je pense avoir été compris. Certaines m'ont demandé de venir les écouter, loin des oreilles indiscrètes. La première tenait à démentir les rumeurs la concernant: « Je vous jure, monsieur, je n'ai pas parlé d'enfer pour ceux qui ne faisaient pas ramadan... » La seconde voulait me prouver son courage: « Je ne fais pas ramadan, je ne m'en cache pas, et si quelqu'un me dit quelque chose, je lui réponds direct... Mais en même temps, je ne veux pas qu'on me jette le mauvais œil... Vous voyez? »

Je ne voyais que trop bien.

Lors de mon dernier séjour à Istanbul, j'avais acheté une demi-douzaine de *nazar boncuğu*, ces amulettes bleues censées protéger les âmes perdues dans mon genre.

Mon petit doigt me dit qu'il me faudra bientôt renouveler mon stock avant de me perdre dans la fumée du narguilé, quelque part entre *Ayasofya Camii* (Sainte-Sophie) et *Sultan Ahmet Camii* (Mosquée bleue).

Je me souviens encore de l'avenue Guillaume-Apollinaire

•

18 AVRIL 2022

#1 Dimanche. Il ne fait pas bon être révolutionnaire par les temps qui courent. Et puis, quand on y réfléchit un instant, les choses ont-elles jamais été différentes par le passé? Hier comme aujourd'hui, les voix discordantes sont sommées de se taire. Au mieux, on les raille, au pire, on souhaite leur disparition pure et simple, faute de pouvoir procéder à la liquidation physique de ce qui aurait échappé à l'intégration capitaliste.

Si je me sens étranger dans mon pays de naissance, c'est moins en raison de mes origines –du moins celles auxquelles on me renvoie au quotidien, et il ne s'agit pas, on l'aura compris, de mon côté ch'ti – que de la volonté délibérée, chez certains intellectuels et militants, d'effacer d'un trait de plume tout un pan de l'héritage contestataire de cette société qui subsiste à ses marges bon an, mal an.

Avant le premier tour, les bonnes consciences ne pouvaient rien tolérer à la gauche de Jean-Luc Mélenchon. Avant le second tour, plus rien ne doit exister à la droite d'Emmanuel Macron. Et après? Quel est le projet? On passe de l'injonction au «vote utile» –mot d'ordre qui suintait déjà la capitulation en rase campagne– à l'accusation, à peine voilée, de collusion avec le fascisme rampant... Et demain? À quoi aura-t-on droit?

J'ai lu et entendu des arguments hallucinants –chez des personnes qui se réclament de la gauche réformiste plutôt que de la révolution sociale– qui tendent à stigmatiser les abstentionnistes, à les rendre coupables de ce qu'ils ne veulent pas cautionner, à faire d'eux des racistes –y compris quand ils sont «racisés» comme on dit de nos jours–, à les dépeindre comme autant de «privilégiés» –autre terme à la mode qui ne signifie plus rien.

La peur est mauvaise conseillère: la France d'avril 2022 ressemble à l'Algérie de décembre 2019. Cela me conforte dans l'idée d'aller me faire voir ailleurs, à la première occasion, non sans avoir dit mes quatre vérités, sans jamais capituler. Car un départ –à ne pas confondre avec la fuite–, c'est l'opportunité d'explorer de nouveaux horizons, la chance de poursuivre le combat avec d'autres camarades, en vivant différemment son étrange condition.

#2 La semaine dernière, ma sœur m'a envoyé des photos de la maison de notre enfance – surtout la sienne en réalité. À l'occasion d'un passage dans le Nord, elle n'a pas pu s'empêcher de passer par cette rue où s'alignent, sans aucune harmonie, les baraques d'ouvriers, d'employés ou, plus rarement d'artisans, le plus souvent achetées à crédit –en s'endettant parfois sur plusieurs décennies–, et dont les briques rouges disparaissaient au profit d'autres matériaux.

Ces images ont fait ressurgir d'innombrables souvenirs, plus ou moins heureux, de cette période de ma vie qui a débuté au cours de l'année scolaire 1989-1990. Ma famille louait alors une grande maison à Saint-Saulve, dans la résidence du Bosquet qui venait à peine de sortir de terre. Nous en étions les premiers résidents: je me souviens encore de l'avenue Guillaume-Apollinaire. La poésie, déjà.

Quand la décision fut prise de déménager à Marly, pour la rue du Chemin vert – où nous devions être, pour longtemps, la seule famille arabe –, mon père m'a laissé terminer mon CE1 à l'école primaire du Roleur. Il voulait me laisser glaner les tableaux d'honneur et bulletins élogieux qui faisaient sa fierté. La belle affaire: quand il a fallu m'inscrire à l'école du Centre, à Marly, mon dossier scolaire a été déclaré perdu. J'étais convaincu qu'il s'agissait d'un acte délibéré visant à sanctionner un petit crépu, le premier de la classe. Ma mère ne comprenait pas ma rage et n'y voyait qu'un malheureux accident.

Cette colère s'est par la suite muée en tristesse car c'était l'âge des amitiés sincères et des premiers amours. Nous n'étions qu'à quatre kilomètres mais, à 7 ans, c'est un peu le bout du monde. Il m'est parfois arrivé d'enfourcher mon BMX blanc et bleu pour traverser mon ancien quartier, en passant par le parc du Roleur. Et puis, au bout d'un moment, j'ai fini par trouver cette idée ridicule et j'ai orienté mes dérives dans d'autres directions.

Ma nouvelle rue, celle où j'allais devoir habiter jusqu'à l'obtention de mon baccalauréat, marquait la séparation entre Marly et Valenciennes. En la traversant, on arrivait, à l'ouest, dans un quartier bourgeois, avec de grandes demeures espacées, aux jardins bien entretenus. En face, côté nord, s'étendait le Golf club de Valenciennes où venaient jouer les notables des environs. Chaque week-end, avec mes nouveaux amis, on voyait défiler des voitures luxueuses que nos parents n'auraient jamais pu se payer.

Côté sud, autre ambiance: celle des petites maisons de brique rouge, collées les unes aux autres, où l'on entend les voisins s'engueuler le jour et faire l'amour la nuit tombée. C'était aussi celle des anciens corons en cours de réhabilitation. Des locataires, les plus pauvres du coin, devaient encore sortir de chez eux pour aller faire leurs besoins. On les voyait parfois traverser une ruelle pour disparaître dans de petites cabanes, en pantoufles et en pyjama.

#3 Ai-je véritablement quitté cette maison, cette rue, ce quartier, cette ville, comme j'essaie de m'en convaincre depuis ma majorité et mon entrée à l'université? 200 kilomètres et une vingtaine d'années me séparent des briques rouges de mon enfance. Mais j'ai la sensation étrange de brûler cette frontière symbolique de la guerre de classes en m'exposant aux errements de notre époque:

les castes favorisées font toujours preuve d'arrogance pétrie de morale et les couches les plus démunies sombrent dans la résignation nationaliste ou religieuse faute de lendemains qui chantent.

L'usine où travaillait mon père, au début des années 1990, a été délocalisée et remplacée par un circuit de karting. Au plan municipal, Marly, ancien bastion communiste, alterne entre la droite et la gauche depuis la chute du mur de Berlin. Lors du premier tour de l'élection présidentielle, Marine Le Pen est arrivée en tête (29,33 %), devant Jean-Luc Mélenchon (23,42 %) et Emmanuel Macron (22,14 %). L'abstention s'y est élevée à 30,29 %.

Ils voulaient empêcher le peuple de s'exprimer

•

21 AVRIL 2022

#1 Mardi. Dur de reprendre le travail après un week-end prolongé. J'ai failli m'habituer à ne pas entendre mon radio-réveil, à ne pas scruter avec inquiétude ses chiffres rouges qui déchirent la pénombre. Mais il faut y aller. Je suis à peine redevenu imposable sur le revenu – merci à l'Éducation nationale et aux heures supplémentaires imposées aux contractuels de mon espèce. Me voilà donc heureux contribuable après plusieurs années passées sous le seuil... Bref. Pas envie de terminer cette phrase.

Je me demande toutefois si les privilégiés, les pistonnés, les propriétaires, ceux qui se pensent dans le camp des gagnants ont une idée, même vague, de ce que peut signifier l'angoisse des fins de mois, l'absence de loisirs ou de vacances, les courses dans les rayons «premier prix», une vie privée à bon marché, l'impossibilité de se projeter au-delà de six mois et un débat sur la retraite qui se résumerait à l'alternative suivante: cyanure ou revolver?

Une correspondante m'a écrit cette semaine pour me féliciter de mon «parcours exemplaire» en ajoutant qu'elle aimerait que son fils me ressemble. Cela m'a touché mais aussi quelque peu gêné sur le moment –et plus encore en y repensant. Je souhaite à son garçon, comme à tous les jeunes –en particulier ceux de mon entourage, à mes élèves comme à mes étudiants– de trouver leur propre voie dans ce monde incertain, d'éviter de réitérer mes erreurs –qui sont également celles de ma génération–, et donc de faire mieux que ce qu'il m'a été possible de réaliser dans des conditions peu évidentes.

Après tout, mon parcours reste celui d'un homme issu d'un milieu ouvrier qui, après un doctorat –cette mention devient de plus en plus absurde à mesure que le temps passe– et à bientôt 40 ans, n'a jamais eu le loisir de signer le moindre CDI. Pour être juste, je dois néanmoins concéder avoir connu, au sortir du premier confinement, cette belle arnaque qu'on appelle «CDI de chantier»; une trouvaille généralisée par l'ordonnance du 22 septembre 2017 qui permet, par la grâce de notre cher président-candidat –qui n'a fait, en l'espèce, que poursuivre la politique de ses prédécesseurs de droite comme de «gauche»–, de flexibiliser davantage la force de travail pour le plus grand bonheur des employeurs.

Me voici aujourd'hui en CDD après un retour par la case chômage. Quel progrès! Et il me faudrait être reconnaissant? La colère est la forme élémentaire de la dignité. Pour ma part, j'ai choisi mon camp: de la révolte à la révolution. Je laisse le ressentiment aux aigris qui cultivent l'inaction. J'abandonne la fascination du pouvoir aux bourgeois et autres courtisans à qui je souhaite bien du plaisir quand tous les pauvres s'y mettront.

#2 En arrivant au collège, l'agente d'entretien m'a littéralement sauté dessus. Elle m'a mis sous le nez son Smartphone flambant neuf: «Tu vois, je te l'avais bien dit!» Son écran affichait un article de presse sur les plus de 200000 citoyens radiés sans raison des listes électorales. Cette mère de famille en était d'autant plus scandalisée qu'elle faisait partie des malheureuses victimes de l'automatisation des procédures.

Au lendemain du premier tour, elle m'avait raconté son calvaire: en sortant de l'église, il lui a fallu plus de huit heures pour pouvoir accomplir son devoir. Elle n'a pu entrer dans le bureau de vote qu'à quelques minutes de la fermeture. Et ils étaient nombreux dans ce cas d'après ses dires, particulièrement dans sa banlieue nord, là où les politiciens ne se pressent qu'à l'invitation des studios de télévision. Je lui ai répondu, tout en me sentant étranger à la mascarade électorale en tant que procédure profondément biaisée, que cela pouvait avoir une incidence sur les résultats, quoi qu'on puisse en penser. Son avis était plus tranché : « Tout ça, c'est voulu, c'est truqué ! Ils voulaient empêcher le peuple de s'exprimer… »

#3 Mercredi. Je dois répondre à mon éditeur au sujet de la proposition de couverture de mon prochain ouvrage. C'est toujours gratifiant de travailler avec des professionnels. J'attendrai le résultat définitif et guetterai les réactions des premiers lecteurs en septembre. Il me faudra clore ce cycle en beauté. Depuis 2007, au moins, je travaille sur la Françalgérie, doux pays de mon enfance, panier de crabes gavés de zlabia, objet de mépris et de fantasmes pour les imbéciles heureux qui sont nés quelque part. Je concède volontiers m'être radicalisé contre l'identité, le nationalisme ou la religion sous les mandats de Nicolas Sarkozy –« débat » sur l'identité nationale–, puis de François Hollande –« débat » sur la déchéance de la nationalité–, sans oublier Abdelaziz Bouteflika –interdiction des hautes fonctions aux binationaux. Il faut rendre à César ce qui appartient à César…

Avec mes élèves, j'ai choisi de parler cette semaine de l'information et des médias. Les séances sur l'élection présidentielle ainsi que les cours, plus largement, m'ont alerté sur leur rapport très distant et confus à l'actualité, l'influence démesurée des réseaux sociaux –à l'image des adultes que nous sommes–, la solitude, aussi, dans laquelle ils se trouvent pour tenter de donner du sens à ce qui n'en a pas toujours. Quel monde va-t-on leur laisser ? Je parle comme le vieux que je suis devenu.

Rares sont ceux à suivre le journal télévisé –« À quoi ça sert ? »–, à me citer le titre d'un quotidien –*Le Parisien,* dans le meilleur des cas–, personne ou presque n'a acheté une seule publication en kiosque –« tout est sur Internet »–, la grande majorité, surtout en sixième et en cinquième, m'a cité Snapchat ou TikTok comme des sources fiables. Les seules stations de radio citées par mes élèves sont Beur FM, Radio France Maghreb et Radio Soleil...

Séquence nostalgie. Je leur ai raconté qu'à leur âge, j'écoutais France Info avec mon paternel quand il m'emmenait au collège dans sa voiture d'occasion: «Mais monsieur, votre père n'aimait pas la musique?» Si seulement ces gamins savaient... Toutes ces cassettes entassées dans la boîte à gants: chaâbi algérien, variété française et soul américaine.

De quoi façonner des corps et des esprits cosmopolites sur dix générations.

Toi qui entre ici, abandonne tout espoir

•

23 AVRIL 2022

Vendredi. Dernière heure de cours avant des vacances consacrées à la lecture, l'écriture, le cinéma et un voyage avec la tribu. Plus d'un tiers de mes collègues sont annoncés absents. J'en ignore la raison. La cour apparaît plus calme que d'habitude, en apparence...

Pour ma part, j'ai décidé de suivre la règle tacite depuis mon affectation en REP: proposer une activité ludique ou un film aux élèves qui sont, eux, bien présents à quelques exceptions près (certains m'avaient d'ailleurs prévenu en début de semaine qu'ils partaient en famille en Algérie, au Maroc, voire en Espagne mais c'était déjà plus rare).

J'ai donc choisi de projeter des documentaires disponibles sur Arte, ce qui a été plutôt bien apprécié en matinée. En revanche, l'après-midi, les élèves étaient déjà plus excités. L'un d'eux m'a avoué leur projet de chahuter les ultimes séances. Fort heureusement, j'ai réussi à désamorcer leur tentative de sabotage. Du moins en partie.

Dans chaque classe, il y a une forte tête, un élément perturbateur, un casse-pieds. On peut le gérer, faire avec, temporiser en prenant sur soi, mais toujours au détriment du groupe. Ce qui constitue déjà un échec. Certains élèves ne sont clairement pas à leur place dans une institution rigide et sous-dotée qui n'est pas destinée à l'épanouissement du plus grand nombre mais à la sélection d'une minorité parmi la minorité.

D'autres enfants connaissent des situations dramatiques au plan personnel, comme la grande pauvreté (une fille de sixième, souvent absente, vit dans une chambre d'hôtel avec sa mère et ses frères et sœurs), la violence (un garçon de cinquième, qui a fini par se faire exclure, se faisait tabasser par son père) ou des situations autrement complexes qui les placent sous la tutelle d'éducateurs ou de psychologues avec lesquels ils apprennent à jongler.

Il se trouve que je rechigne à exclure les élèves perturbateurs –je les invite plutôt à se calmer un instant dans le couloir–, à rédiger des rapports –je préfère jouer avec les mots sur le carnet– ou à distribuer des heures de colle –ce qui ne m'empêche pas d'élever la voix par moments. L'administration, mes collègues et les élèves me voient sans doute comme un enseignant trop laxiste.

Pas tous, évidemment. J'en ai discuté une fois avec un jeune enseignant provincial que je trouve fort sympathique. Il m'a raconté à cette occasion qu'un nouveau collègue –contractuel et doté d'un patronyme maghrébin– a souhaité imposer des leçons de savoir-vivre à des élèves envoyés en retenue. Je mentionne son pedigree parce que cette anecdote m'a fait penser à un enseignant d'origine kabyle que j'avais croisé dans le collège parisien où j'étais surveillant il y a une quinzaine d'années. Il reprenait les éléments de langage de Nicolas Sarkozy –sur la valeur travail en particulier, le mérite également– et se plaisait à se montrer très autoritaire avec les élèves.

J'ai aussi échangé, quoique brièvement, avec une collègue arrivée ces jours-ci au collège et qui me semblait néanmoins proche de la retraite. Elle reprenait tout juste du service après plusieurs années éloignée de l'enseignement –n'étant pas particulièrement intrusif, je n'ai pas cherché à savoir pourquoi. Elle m'a parlé de ses difficultés à tenir la classe, du manque de concentration des élèves et du très faible niveau scolaire. Rien de bien surprenant pour qui connaît cet environnement. Elle semblait toutefois en souffrir, ce qui m'a chagriné en retour. J'ai essayé de lui donner quelques conseils, même si je trouvais un peu paradoxal de devoir le faire dans ma position. Elle ne savait pas si elle allait tenir la semaine. Quelques jours après, elle paraissait déjà plus sereine.

« Toi qui entre ici, abandonne tout espoir. »

À quelques minutes des vacances, j'ai eu droit à un accrochage avec un gamin de sixième, haut comme trois pommes mais décidé, avec une rage dont j'ignore les ressorts, à pourrir la projection prévue. Il a réussi à interrompre la diffusion, remplacée par un devoir à cause du brouhaha, et à monopoliser mon attention, en devenant particulièrement arrogant, insolent et même vulgaire. Je suis resté calme –en apparence–, j'ai rédigé un rapport, avant de l'envoyer dans le couloir mais il a persévéré dans son délire hargneux.

C'était pourtant la dernière heure de cours avant la libération ! Il a réussi à jouer avec mes nerfs et à priver la classe d'un moment de détente. Sans doute a-t-il savouré cette victoire qui démontrait ses talents dans la manipulation et la perversion. À moins d'être sérieusement pris en charge, je lui promets un brillant avenir dans la politique –ce qui n'a rien de rassurant pour cette société. C'est un enfant doué à l'oral –son vocabulaire est plus riche que celui de ses camarades–, mais il est incapable d'écrire une seule ligne sur son cahier –quand il l'apporte. Il a des capacités, c'est indéniable, sauf qu'elles sont employées négativement et cela pèse sur l'ambiance de la classe.

J'avais cru le contenir. Après être passé à deux doigts de l'exclusion, il était subitement devenu obséquieux à l'extrême avec les enseignants, d'une politesse qui confinait à l'insulte à notre égard. J'ai donc surjoué : à mon tour, je suis devenu flagorneur à son endroit. Il était devenu la lumière de la classe, le grand esprit du collège, le génie insoupçonné, etc. Ce qui l'a subitement calmé car il cherchait la confrontation... Mais il a repéré mon ironie. Il a donc repris, pour quelques semaines, une attitude conciliante –sans doute par peur d'une sanction disciplinaire. Sauf que cela ne pouvait pas durablement tenir.

Ce vendredi, il a utilisé toutes les cartes en sa possession et s'est permis de me lancer quelques piques. En vérité, il m'a fait de la peine. C'en était trop. La sonnerie, enfin. Je prends quelques secondes pour reprendre mes esprits, m'hydrater et respirer un bon coup.

J'éteins l'ordinateur puis les lumières. Je ferme la porte de la salle et descends les escaliers. Arrivé dans la cour, je vois le gamin fanfaronner avec son petit groupe de suiveurs. Mais j'aperçois également le principal adjoint près de la grille. Je m'approche de l'élève qui me nargue en souriant. Je l'invite aussitôt à me suivre pour aller discuter avec le personnel de direction. Son visage se décompose en une fraction de seconde. Il tente de s'éloigner mais je le rappelle à l'ordre. Coincé, il comprend alors sa défaite.

Encadré par deux adultes qui s'inquiètent pour son avenir, privé d'un public qu'il martyrise à l'envi, il redevient un enfant en situation d'échec scolaire.

Poudlard est encore loin...

Player hater's degree

•

25 AVRIL 2022

#1 Dimanche. Grasse matinée. Je m'attelle à la transcription d'un document trouvé sur le site archivesautonomies.org. Il s'agit du bulletin *Tribune ouvrière* daté d'avril 1962: «Pas de oui pour de Gaulle!» L'orientation anti-électorale résonne étrangement avec l'actualité. Rien de nouveau sous le soleil. Bref. Je vais essayer de tenir mon engagement en poursuivant la publication de textes issus du mouvement ouvrier et révolutionnaire dédiés à la question algérienne. D'autres thématiques sont sans doute plus rentables en termes de visibilité mais pourquoi voulez-vous qu'à 39 ans je commence une carrière de «putaclic»?

Je consacre chaque jour une heure, au minimum, à mon site sinedjib.com: recherche de documents, transcription, organisation, diffusion, etc. J'ai réussi à l'alimenter sans interruption, à raison d'une publication quotidienne, durant plus de deux ans et demi – j'ai néanmoins été contraint d'effectuer une pause d'une semaine, fin mars-début avril, en raison de la remise de mon dernier manuscrit et de la fatigue qui s'est ensuivie.

C'est devenu une question d'hygiène mentale, comme une gymnastique intellectuelle destinée à partager du contenu que j'estime important avec quelques internautes avertis qui se trouvent, pour l'essentiel, en France, en Algérie et aux États-Unis: mon triangle amoureux. Durant ma période de retrait des réseaux sociaux, il s'agissait de ma seule interaction avec le monde virtuel. On pouvait donc vérifier qu'il y avait bien une vie après Facebook –ou en dépit de cette censure qui ne dit pas son nom– et même la possibilité de me contacter, à l'ancienne, en m'écrivant *via* un formulaire.

J'ai ainsi eu l'occasion d'échanger avec des lecteurs des quatre coins du globe –bien peu de personnes établies en France à vrai dire– et aussi de me faire insulter –rarement, mais toujours par des hommes arabes. Dernièrement, c'est mon article paru dans *Le Monde diplomatique* – un numéro interdit à la vente en Algérie –et consacré aux attentats de l'OAS en métropole qui m'a valu quelques courriels: témoignage d'un enfant de pied-noir, requête émanant d'un petit-fils de harkis et proposition de don...

En effet, j'ai reçu mi-mars un message intriguant qui commençait par une anecdote: une mystérieuse correspondante, enfant dans les années 1980, s'est vue remettre une pièce de monnaie très spéciale en allant acheter une baguette et des bonbons à la boulangerie. Trois lettres avaient été ajoutées sous le bras de la Semeuse: OAS. Sur le moment, elle en ignorait la signification puis elle a demandé à son grand-père, qui lui a tout expliqué. Conscience de la gravité du symbole, elle a depuis gardé cette pièce de 1 franc, datée de 1964, en s'interdisant de l'utiliser pour un quelconque achat. Elle a proposé de me l'envoyer, comme pour s'en débarrasser, car l'idée de la conserver ne lui plaisait pas. Moi non plus à vrai dire, mais j'ai accepté pour témoigner et transmettre afin que nul n'oublie.

#2 Début d'après-midi. J'ai décidé de réparer un problème de chasse d'eau qui traîne depuis trop longtemps. Après m'être procuré les pièces nécessaires et trouvé un tutoriel sur YouTube, j'ai joué au plombier, armé d'une pince multiprise, ce qui m'a permis de constater, une fois de plus, que je n'avais rien d'un mécanicien, faute de pratique. En dehors de l'écriture ou d'autres plaisirs –gastronomiques–, mes doigts ne servent qu'à peu de choses socialement utiles. J'ai toutefois été satisfait de pouvoir me débrouiller seul –enfin presque, car j'ai suivi les conseils d'un certain Linstan, sans lesquels une catastrophe aurait été inévitable.

Besoin d'occuper mon esprit, à défaut d'autre chose. Volonté de m'éloigner des écrans et des médias, surtout des réseaux sociaux. Le chantage et le délire continuent. Si l'intelligentsia de la gauche parlementaire –du moins celle que l'on présente comme telle– n'a rien de mieux à proposer que sa propre peur du déclassement, le prolétariat lui offrira gracieusement une corde. Mais rien de plus. Et c'est déjà trop.

Il faudrait compiler les posts, tweets et autres tribunes publiées ces derniers jours par des artistes, militants ou universitaires (fascinés par le pouvoir) qui ont joué sur la peur du fascisme –voire sur celle de la persécution et de la déportation promises aux musulmans et autres «racisés», ce qui est une façon, consciente ou non, de mettre au pas les derniers concernés et de leur rappeler leur position subalterne dans cette société–, tout en cherchant à culpabiliser les abstentionnistes (13 656 109) ou les personnes décidées à voter «blanc» (2 228 044) ou «nul» (790 946) malgré les pressions et les insultes. Une belle mentalité de maître-chanteur…

J'ai été déçu –mais pas forcément surpris– de mesurer l'inconsistance de nombreux bac +5 ou bac +8 (ce qui doit correspondre au Phd –«*Player hater's degree*», comme le chantait Ma$e), plus prompts à donner des leçons de morale aux mauvais citoyens (d'aucuns parleraient volontiers d'«anti-France», une position séduisante à condition de l'associer au rejet de tous les nationalismes, sans exception) et à promettre l'enfer aux récalcitrants. En ce sens, ils restent otages d'une vision du monde profondément religieuse, ce qui en dit long sur leur aliénation et leur incapacité à remettre en cause –en théorie et en pratique– la démocratie représentative, les élections, les sondages, les partis, l'État et la propriété.

Fort heureusement, j'ai pu constater que quelques individus ou groupes n'ont pas cédé à la panique et en ont même profité pour rappeler quelques principes élémentaires d'un point de vue révolutionnaire. C'est sans doute à partir de ces positions qu'une alternative est envisageable, loin des combinaisons politiciennes minables – pourtant commentées, la bave aux lèvres, par des journalistes-influenceurs ou cyber-militants qui peuvent passer, sans transition, du football au porno (ou n'importe quel autre produit à la mode de l'industrie culturelle), avec le même enthousiasme factice.

On ne sera pas d'accord sur tout, il faudra sans doute créer des espaces permettant la contradiction, préserver ce qui existe et appuyer la résistance qui ne manquera pas de s'exprimer sur le terrain de la lutte des classes.

Mais on sait déjà sur qui on ne peut plus compter.

C'est l'histoire d'un fasciste, d'un salafiste et d'un révolutionnaire

•

26 AVRIL 2022

Lundi. J'ai jeté un œil aux résultats de l'élection dans ma commune, en banlieue parisienne: Emmanuel Macron y est arrivé en tête avec près de 78% pour un taux d'abstention d'environ 35%. J'ai immédiatement cherché ceux des villes de mon enfance, dans le Nord: à Valenciennes et Saint-Saulve, le président-candidat remporte le duel (respectivement 57,69% et 51,95%) tandis qu'à Raismes et Marly, Marine Le Pen domine (65,59% et 51,16%).

L'écart est très faible dans les villes où j'ai passé mes meilleures années et auxquelles je demeure sentimentalement attaché sans y avoir remis les pieds depuis une éternité. J'ai pensé en particulier à deux anciens amis et voisins que je voyais chaque jour puisque nous vivions dans la même rue. Nous avons partagé les divertissements de notre génération –jeux vidéo ou sports collectifs– avant que nos chemins se séparent à la fin de l'adolescence.

Le premier était blond comme les blés. Il vivait dans une maison plus grande et plus agréable que celle de mes parents. Son père était chauffeur-routier –le semi-remorque, impressionnant, occupait une grande partie de la chaussée–, sa mère travaillait comme secrétaire médicale –très aimable, souriante dans mes souvenirs. Il n'y a jamais eu de véritable fâcherie entre nous, en dehors de quelques broutilles. Puis il a pris ses distances. Il venait de s'engager comme sapeur-pompier volontaire. Je le voyais revenir en uniforme, sur sa mobylette, alors que je discutais sur les marches de l'escalier avec des camarades. Il répondait de moins en moins à mes salutations jusqu'à complètement m'ignorer, sans la moindre explication.

Un jour, en revenant de Valenciennes, je suis passé devant sa maison pour rejoindre la mienne. Il buvait des bières sur son canapé entouré de quelques amis. Ils hurlaient un chant nationaliste dont les paroles m'ont fait tressaillir. Mon regard a croisé le sien... Gêné, il a aussitôt fermé les fenêtres. Depuis, nous ne nous sommes plus jamais adressé la parole. D'après mes recherches sur Internet, il réside toujours dans l'arrondissement. Il s'est marié et a deux enfants. Je me souviens des paroles de sa grand-mère, l'après-midi du 21 avril 2002: «Maintenant, ils vont comprendre le message.»

Le deuxième était également blond, comme pas mal d'enfants de la région à cette époque. Il habitait plus bas dans la rue et nous étions proches pendant nos années lycéennes, même si nous ne fréquentions pas le même établissement. Nous partagions toutefois des passions communes comme le basket-ball, le hip-hop et *Le Prince de Bel-Air* – il rêvait d'être noir, pas moi, j'étais déjà arabe. Son père enseignait dans le secteur technique et sa mère n'avait pas de profession à ma connaissance – ce qui était souvent le cas dans mon entourage. Mais j'avais cru comprendre qu'il se passait des choses terribles chez lui, sans qu'il ne m'en parle. Des choses se murmuraient mais c'étaient des histoires d'adultes qui ne nous concernaient pas. J'avais de la peine en voyant le visage de sa mère quand elle ouvrait la porte...

Nous avons pris des chemins différents après l'obtention de mon baccalauréat. Je suis d'abord parti étudier à Lille, en faisant la navette puis en étant hébergé chez mes grands-parents maternels à Roubaix et par une cousine à Ronchin. Je ne sais plus tout à fait si cela remonte à cette période mais j'avais appris qu'il battait sa copine, une fille qui venait de s'installer dans le quartier avec sa famille. Il avait baissé dans mon estime, durablement. Un nouveau différend, d'une autre gravité, allait mettre un terme à notre amitié déjà chancelante car cela me touchait de trop près: l'affaire s'est réglée au téléphone. Point final.

Quelques années après mon installation en région parisienne, en 2001, je suis allé passer un week-end chez mes parents. Je l'ai croisé dans la rue de notre enfance. Malgré son accoutrement je l'ai reconnu de suite: il gardait le même air faussement assuré derrière sa barbe au henné, son qamis blanc et sa calotte immaculée. Il s'était donc converti. La rumeur était fondée. En m'apercevant, il s'est aussitôt mis à élever la voix –à la grande surprise de son interlocuteur –, citant une parole attribuée au prophète de l'islam, pour mieux me toiser.

D'après Google, il vit toujours dans la même rue.

Quand on me parle du Nord, de l'extrême droite, du racisme ou de la classe ouvrière, je pense toujours à ces deux anciens amis –sans oublier tous les autres dont les trajectoires sembleraient peut-être plus banales aux yeux des profanes. En fait, je pense surtout à nous trois, à ce qui a pu, pendant toutes ces années, nous souder dans la banalité d'un quotidien pas très réjouissant sans être pour autant misérable. C'était d'abord le temps de l'ennui, de la débrouille, de la rigolade et des limites imposées par le cadre familial – l'autorité paternelle me concernant car j'avais beaucoup plus peur de décevoir mon père que de me faire arrêter par la police, ce qui ne m'a pas évité de connaître cette expérience.

Dans ce trio authentiquement ch'ti, j'étais le seul dont la famille venait d'un autre pays, le seul dont le père travaillait à l'usine, le seul à pouvoir entrer à l'université et le seul à vouloir quitter la région dès sa majorité. Quant au reste, et à quelques détails près, nous partagions les mêmes espérances que de nombreux autres garçons nés au début des années 1980 dans cette partie du monde.

Pourquoi avons-nous emprunté des voies diamétralement opposées et aussi extrêmes dans nos modes de vie? C'est une bonne question pour les sociologues mais je n'ai pas très envie de m'auto-analyser sans contrepartie sérieuse, d'autant qu'il me manque des données concernant mes anciens compagnons, sans compter les souvenirs longtemps refoulés qui se mêlent parfois à mes doutes actuels.

Il y aurait tout de même quelque chose d'ironique à creuser ces destins français. Cela pourrait ressembler à l'amorce d'une blague: c'est l'histoire d'un fasciste, d'un salafiste et d'un révolutionnaire...

Pas sûr que la chute soit politiquement correcte.

Ainsi les derniers seront les premiers, et les premiers les derniers

•

29 AVRIL 2022

J'avais rendez-vous avec une amie de passage à Paris. Je suis arrivé un peu en avance à l'endroit prévu, un café kabyle de sa connaissance. L'endroit étant trop sombre à mon goût, j'ai décidé de l'attendre à l'extérieur avant de lui proposer un autre bar, plus lumineux et abordable, qui avait attiré mon attention sur le chemin.

Nous nous sommes installés en terrasse. La clientèle y était plutôt jeune, dynamique et élégante. J'ai découvert, au cours de la conversation, que le lieu était «*gay-friendly*» –hasard objectif. Sur le trottoir d'en face, des jeunes femmes, furieuses et joyeuses, trépignaient d'impatience en attendant une performance artistique. Nous devions passer pour deux ploucs perdus dans la capitale –ce qui n'était pas complètement faux.

On échange les nouvelles: travail, élections, culture, etc. Puis elle me demande mon avis sur la série documentaire «En guerre(s) pour l'Algérie». Je lui réponds que je n'ai pas eu le temps de la visionner, que j'étais un peu trop sensible en ce moment et qu'il me faudrait sans doute attendre quelques semaines. Elle éclate de rire. Devant ma stupéfaction, elle se reprend: «Mais, tu es sérieux quand tu dis ça?» Et moi, un peu gêné: «Je pense beaucoup à ma famille en ces temps de commémoration, à ce qu'ils ont enduré en 1962. En tant que messalistes, ils étaient pris entre deux feux, au moins...»

Je n'ai pas souhaité développer davantage pour éviter de tomber sous le coup de l'émotion –cela m'était arrivé le 19 mars, à l'abri des regards–, mais j'ai réalisé qu'elle n'avait pas établi de relation entre mon premier sujet de recherche et mon histoire personnelle. Peut-être parce que j'ai toujours tenu à faire la part des choses, sans remettre continuellement ce sujet sur la table ou à en faire une rente généalogico-victimaire – tendance actuelle qui efface paradoxalement la victoire politique des colonisés contre l'impérialisme occidental ainsi que leur responsabilité dans les choix effectués avant ou après l'indépendance.

Et puis, même si j'avais eu envie de me plier à la doxa bellico-mémorielle, la configuration actuelle limite fortement –voire interdit, et des deux côtés de la Méditerranée– l'intérêt légitime pour la question messaliste et son évocation en dehors du «fratricide» avec le FLN –ou alors, plus précisément, à cause de celui-ci– qui monopolise, comme hier, l'expression indépendantiste, au détriment d'autres courants ou sensibilités. Car il y a des créneaux plus porteurs et je souhaite bon courage aux autoentrepreneurs qui s'engouffrent dans cette brèche pour exister virtuellement avant de revendiquer, contre espèces sonnantes et trébuchantes, une posture «décoloniale, dépatriarcale et décapitaliste.»

Cette semaine, mon amie m'a écrit pour s'excuser de son attitude lors de notre dernière rencontre. Elle n'avait pas compris à quel point mon histoire, ou plutôt celle de mes aïeux, était liée à ce que j'avais traité avec distance dans mon livre sur les messalistes – ouvrage passé inaperçu (pour ne pas dire autre chose) du côté de l'université française et de la presse algérienne, mais pour lequel je perçois des droits d'auteur non négligeables pour l'exercice.

Je ne lui en veux pas du tout: il vaut mieux rire de cette *fragilité non blanche*, d'autant que certains prétendent, dans les cercles diasporiques, que j'essaierais de «plaire aux Blancs», ce que je tiens à démentir formellement! Sur le plan privé, je cherche plutôt à séduire les femmes blanches, mais pas seulement... car j'ai un sérieux penchant xénophile – et le retour des touristes latino ou afro-américaines dans la Ville lumière me réjouit. CQFD.

Plus concrètement, que faire de cet héritage trop encombrant aux yeux de certains esprits pétris de manichéisme? Sans m'identifier rétrospectivement à eux, les partisans de Messali Hadj ne peuvent être relégués au simple rang de victimes – ce qui constituerait une injustice de trop à leur égard. Certes, ils ont subi des exactions ou des vexations de tous ordres –parfois au-delà de ce qui est imaginable–, mais ils étaient d'abord et avant tout des révolutionnaires, des combattants.

Quand on s'engage dans une bataille, il y a des coups à donner ou à prendre –y compris dans son propre «camp», ou supposé tel: là réside le tragique de leur épopée. En revanche, il est beaucoup plus difficile de pardonner ou d'oublier les crimes perpétrés à l'encontre de civils en raison de leur lien de parenté avec des militants conscients –prêts à tous les sacrifices, sauf ceux concernant la vie d'un père ou d'un frère, sans parler de la malédiction de l'exil.

Du point de vue de la marche vers l'indépendance, les messalistes font donc partie des perdants de l'histoire, contrairement aux vainqueurs du FLN, et cela même s'ils ont contribué par leurs engagements divers, bien avant le 1er novembre 1954, à la réalisation de cet objectif jugé insensé par les assimiliationnistes ou modérés de tous poils. Quant à la course au pouvoir, rien de tel que l'Évangile selon Matthieu depuis notre France déchristianisée: «Ainsi les derniers seront les premiers, et les premiers les derniers, car il y a beaucoup d'appelés, mais peu d'élus.»

Je ne peux affirmer avoir été exempt dans ma jeunesse des travers que je me permets de railler aujourd'hui. Chacun son parcours. Au cours des dernières années, j'ai eu la chance de croiser le chemin de rescapés ou d'héritiers de dissidences internationales (Sinn Féin, Bund, FAI et POUM pour ne citer qu'eux).

Nous nous sommes souvent trouvés des affinités avant même de dévoiler nos secrets intimes; comme si nous partagions la sensibilité de ceux dont les proches ont été écrasés par les catastrophes de l'histoire et les tentations hégémoniques dont ne parviennent toujours pas à se débarrasser les dépositaires auto-proclamés du beau, du bien et du bon; comme si nous faisions partie de cette fraternité improbable des empêcheurs de tourner en rond, ces cauchemars vivants des bureaucrates et serviteurs zélés de l'orthodoxie, ces trouble-fêtes hédonistes qui, en raison de principes éculés ou de valeurs obsolètes, envisagent le pire et combattent pour le meilleur.

Fatih
Şehzade
Süleymaniye

•

8 MAI 2022

Dimanche. Pendant de nombreuses années, celles de la disette et de la surexploitation, le concept de vacances m'a paru aussi abstrait que celui de la critique de la valeur –blague d'initiés: je lis avec grand intérêt la revue *Jaggernaut*. Et il me faudra sans doute un peu de temps avant de m'y habituer –à supposer que ma situation professionnelle se stabilise.

Je viens de passer une semaine hors de France avec ma tribu. Innovation: nous ne nous sommes pas retrouvés en Algérie. Une idée qui ne m'effleure plus dans les circonstances actuelles. J'ignore toujours quand je remettrai les pieds dans le pays de mes aïeux; les cicatrices du hirak –ce mouvement populaire qui exigeait, en 2019, le départ d'Abdelaziz Bouteflika, le président de la République, puis un changement de régime– ne sont toujours pas refermées.

Pour le quarantième anniversaire de mariage de mes parents –fêté avec retard en raison de la pandémie–, mes sœurs ont choisi Istanbul; une ville qu'elles ne connaissaient pas mais où j'avais déjà emmené mon père et ma mère il y a quelques années (histoire de leur faire découvrir une société où la population est majoritairement musulmane… la laïcité de l'État en plus); un lieu où je m'étais rendu plusieurs fois, seul ou accompagné, pour mon plus grand plaisir, sans pour autant être indifférent à la situation du pays qui, pour être tout à fait honnête, m'inquiète sérieusement.

«Vacances» n'est peut-être pas le mot adéquat. Je précise: j'ai ralenti mon activité intellectuelle (en publiant tout de même cinq textes sur mon site personnel, ce qui est déjà trop), je n'ai répondu à aucun courriel (ou presque), j'ai réduit drastiquement le temps passé sur des écrans (Smartphone, ordinateur ou téléviseur), j'ai levé le pied concernant l'écriture (au risque d'accroître mon retard sur quelques projets) et j'ai beaucoup moins lu par rapport à mon rythme normal (seule satisfaction en la matière: j'ai réussi à me procurer le *New York Times*, confirmant mon envie de prendre mes distances avec l'étroitesse des débats hexagonaux).

Mais pouvais-je faire autrement, pris dans l'ambiance familiale et le rythme de la ville? Nous étions une douzaine au total, trois générations représentées, ce qui inclut des enfants en bas âge (pas les miens, ça se saurait depuis le temps). Un choc pour le célibataire endurci que je suis, habitué à prendre la tangente à la première contrariété, jaloux de sa liberté qui rime souvent avec une solitude subie plutôt que choisie – là encore, il y a débat.

Je me suis intégré à un groupe, sept jours d'affilée, sans me défiler: un exploit. J'ai même partagé une chambre avec mon jeune frère –lequel a subi mes ronflements quand je parvenais enfin à rêver de lendemains qui chantent.

Il y a un truc avec les enfants de mes sœurs: trop mignons... quand ils sont calmes. J'ai effectué le vol aller avec deux de mes neveux, dont mon chouchou officiel –et qui, le sachant, en profite bien évidemment. Son visage ferait craquer n'importe quel adulte: une arme de séduction massive. À l'aéroport, toutes les femmes se retournaient pour lui faire risette –elles échangeaient parfois des sourires complices avec moi, quelle surprise, habitué que je suis aux visages fermés. Dans mon immeuble, mes voisins ne répondent à mon bonjour (ou à mon bonsoir) seulement quand je suis en charmante compagnie. Dans le cas contraire ils flippent ou m'ignorent.

Au risque de m'aventurer sur un terrain glissant, j'avoue avoir été frappé par l'attitude des Stambouliotes à l'égard de mes neveux

–mais aussi de mes nièces– car ils n'hésitaient pas à jouer avec les petits, à les embrasser, à caresser leurs joues, voire à les prendre dans leurs bras, le plus naturellement du monde; ce que j'ai du mal à concevoir à Paris où l'on hésite encore à se serrer la main ou à se faire la bise. En effet, en dehors de mon environnement professionnel –et encore, il y aurait bien des choses à dire–, je perçois une forme d'hostilité diffuse à l'égard des générations montantes dont je partage paradoxalement les angoisses existentielles.

Nous sommes arrivés à la fin du mois de ramadan, ce qui tombait très bien pour un mécréant de mon genre, sans pour autant savoir que l'aïd (bayram) donnait lieu à trois jours de congé –une tradition qui, d'après ce que j'en ai compris, remonte à l'Empire ottoman et que la république kémaliste a maintenu, indice de la souplesse de la laïcité turque. Les rues d'Istanbul étaient littéralement noires de monde. De mémoire de piéton, je n'avais jamais vu une telle marée humaine.

Le tramway, le bus et le métro étaient gratuits pendant cette période –ce qui constitue en soi une excellente initiative, puisque je demeure un partisan de la gratuité du service public, peu importe le prétexte– sans pour autant proposer une offre de transport à la hauteur de la demande. Seul ou à deux, on peut toujours se faufiler dans la foule mais à douze, c'est déjà beaucoup plus compliqué de circuler, de se restaurer ou de profiter des visites.

Je dois aussi avouer que mon anticléricalisme viscéral ne m'empêche en aucune façon de profiter des mosquées monumentales d'Istanbul dont l'architecture m'émerveille au même titre que les basiliques de Rome. Il faut savoir faire la part des choses et je plains tous ceux qui ne comprennent pas que je puisse aimer ma mère sans toutefois cautionner son voile.

À l'occasion de ce voyage, j'ai découvert de nouveaux édifices, en suivant l'itinéraire Fatih–Şehzade–Süleymaniye. J'ai également emmené mon père au musée des juifs turcs où je mettais les pieds pour la première fois. Ce fut l'occasion d'une promenade entre hommes dans un lieu symbolique ainsi que d'un échange de vues sur l'intégration, l'antisémitisme, le sionisme, etc. J'essayais d'imaginer à quoi pourrait ressembler un musée des juifs algériens...

Quand les réceptionnistes ou les restaurateurs me demandaient d'où je venais, en anglais ou en arabe, je répondais systématiquement « Paris », sans trop m'étendre. Ils me regardaient toujours avec un certain scepticisme avant de revenir à la charge : « Algérie » ?

Les vigiles empêchent des syndicalistes d'entrer dans le bâtiment

16 MAI 2022

Mardi. Après ma longue journée au collège, je dois surveiller un examen à l'université. Le grand écart pédagogique touche à sa fin. En me rendant sur le campus, je pensais à une connaissance qui affichait ces derniers jours son désarroi sur les réseaux sociaux. Ce sociologue a été classé troisième pour un poste d'enseignant-chercheur alors que son profil correspondait parfaitement. 50 ans, père de famille et toujours précaire: une horreur absolue. Cette machine bureaucratique broie des individus, piétine du savoir avec de l'argent public et la classe politique ne semble guère s'en soucier. Circulez, il n'y a rien à voir.

Je me suis rendu compte à cette occasion que je n'avais pas été retenu pour une audition cette année. Il faut se faire une raison. L'université française peut tout à fait se passer de mes services, sauf pour boucher les trous, et encore. Il y a un côté pathétique à vouloir s'accrocher à un milieu qui ne veut pas de vous, se désintéresse de vos travaux et méprise votre engeance. Il y a des moments où j'aimerais dire mes quatre vérités pour soulager ma conscience et surtout avertir les jeunes à qui certains titulaires mentent comme des arracheurs des dents (l'année dernière, un professeur m'avait fait miroiter un contrat postdoctoral avant de disparaître dans la nature, non sans avoir glané quelques informations personnelles sur mon compte: méthodes abjectes). Mais je connais aussi des personnes foncièrement honnêtes. Dilemme.

Les étudiants tardent à entrer dans l'amphithéâtre. Ce qui me laisse le temps de discuter avec un surveillant, également professeur contractuel d'histoire-géographie dans le secondaire. Il a étudié dans cette université jusqu'au master et a échoué au Capes. Il met du beurre dans les épinards avec cette activité qui lui permet de retrouver son établissement de formation de temps à autre. Il semblait surpris de voir un collègue tout aussi précaire que lui enseigner à l'université. Il ne paraissait pas comprendre. J'ai souvent été confronté à cette stupéfaction teintée de gêne: le mythe de la méritocratie républicaine en prenait un coup, moi aussi par la même occasion, mais je commençais à en avoir l'habitude.

L'absence des étudiants m'inquiète. Je regarde ma montre avec anxiété. Il est plus que l'heure. Une surveillante me parle de «perturbateurs» qui bloquent l'examen. C'est quoi cette histoire? Une étudiante vient à ma rencontre, essoufflée: «Monsieur, s'il vous plaît, vous devez intervenir: les vigiles empêchent des syndicalistes d'entrer dans le bâtiment.» Je la suis. Un vigile tente de calmer le jeu: «C'est bon, ne vous inquiétez pas, elle va entrer.» J'arrive devant la porte, suivi par d'autres agents de sécurité. C'est la cohue: je suis accueilli par plusieurs militants qui tendent des Smartphones. Je leur demande calmement mais fermement de baisser les appareils pointés sur moi: «Droit à l'image.»

L'un d'eux, barbe hirsute, voix stridente, tente une explication: «Monsieur, ce n'est pas contre vous. C'est pour les vigiles. Nous sommes des syndicalistes et nous subissons la répression de la part de la présidence.» Un agent me désigne une jeune femme agitée, voilée: «Vous la connaissez? C'est bien une de vos étudiantes?» Aucune idée: elle n'a jamais assisté à un de mes cours. Mais je garde cette pensée pour moi. Je lance un regard interrogateur à la militante nerveuse et lui demande, dans un murmure: «Vous êtes bien inscrite à mon cours? Vous ne vous trompez pas d'examen?» Affirmative, on la laisse entrer. L'incident est clos. Elle peut désormais composer après avoir présenté sa carte.

À l'abri des oreilles indiscrètes, je me permets toutefois de lui demander quelques précisions. Elle me raconte, avec la fougue de la jeunesse: les problèmes avec la présidence remontent au mouvement de la rentrée, que j'avais suivi de loin; elle avait déjà été empêchée de passer ses examens mais la situation s'est toujours débloquée grâce à l'intervention d'enseignants compréhensifs. Je comprenais ce qu'elle me disait, ayant moi-même été membre de ce syndicat à une autre époque –autres mœurs! Elle était particulièrement stressée–, je l'invitai d'ailleurs à reprendre son souffle. Mais je n'ai pas pu m'empêcher de lui faire remarquer qu'elle n'avait jamais assisté à mon cours. Elle m'a répondu d'un sourire narquois.

Le plus drôle dans cette histoire, c'est que ses principaux protagonistes sont tous d'origine maghrébine: la syndicaliste agitée, le vigile hostile et l'enseignant précaire. La France de 2022! Entre-temps, les autres étudiants avaient pris place dans l'amphithéâtre. Pour être tout à fait honnête, j'étais aussi stressé qu'à mon premier cours. Je reconnaissais immédiatement les visages des plus assidus. Nous échangions des salutations discrètes mais chaleureuses. Je découvrais de nouvelles têtes, sans doute des personnes à qui l'horaire des séances ne convenait pas. Ils étaient bientôt deux cents et je les trouvais beaux dans leur diversité, habillés de façon décontractée en raison de la chaleur, les yeux pétillants d'intelligence.

Les sujets sont distribués. Je regarde ma montre, consulte les surveillants et monte sur l'estrade. Grand moment de solennité… et de solitude. C'est drôle mais je me vois encore de l'autre côté de la barricade. Sauf que je dois assumer mes responsabilités. Je donne le signal de départ et leur souhaite bon courage, d'une voix feutrée. Ils ont deux heures. Une éternité pour moi. Je me déplace pour répondre aux sollicitations, jeter un œil aux brouillons, susurrer des encouragements et réconforter d'un signe de tête. Ils sont sur la bonne voie, j'en suis persuadé. Savent-ils seulement que je les aime autant que je déteste ce système destructeur contre lequel nous devons tous nous insurger?

La syndicaliste est la première à quitter l'amphithéâtre, soixante minutes précisément après le début de l'épreuve, suivie de deux femmes voilées. La symbolique m'interpelle. J'ignore s'il faut interpréter, au risque de surinterpréter. Puis arrive la fin de l'examen. Beaucoup ont déjà évacué les lieux, soulagés, en me lançant parfois un regard furtif, en chuchotant un «Au revoir» qui ressemblait à des adieux. Certains sont venus me remercier pour ce semestre. Deux étudiants ont été particulièrement démonstratifs.

J'en ai pleuré des larmes de raki, chez moi, loin des regards.

Tout a une fin, même pour les outsiders.

Je vais demander autour de moi qui est Nedjib Sidi Moussa

•

19 MAI 2022

Vendredi. Les collégiens sont particulièrement pénibles depuis la reprise. Ils ont hâte de repartir en vacances et il devient plus difficile d'obtenir le calme dans les classes. La chaleur n'arrange pas les choses.

Lundi, je suis tombé sur une salle exposée au soleil durant tout le week-end et dans laquelle le chauffage était resté allumé. Une aberration. Impossible d'ouvrir les fenêtres en raison du chantier en face de l'établissement. J'ai subi de 8h à 17h la canicule et le bruit des marteaux-piqueurs, sans parler du brouhaha diffus des élèves. J'ai bu environ un litre d'eau pour la seule matinée et j'ai failli m'évanouir l'après-midi. Fort heureusement, j'ai changé de salle les jours suivants. C'est le seul avantage de ma situation de contractuel: le nomadisme.

En effet, au cours de mes vingt heures hebdomadaires, je circule à travers cinq salles –ce qui a provoqué l'incompréhension des élèves… et la mienne–, toutes occupées le reste de la semaine par des enseignants qui les considèrent comme leur propriété privée. Après tout, je ne suis arrivé que quelques jours après la rentrée officielle. Les salles sont donc personnalisées suivant les goûts des titulaires installés parfois depuis plusieurs années: premier arrivé, premier servi. J'ai remarqué que dans l'une d'elles, partagée avec une collègue d'histoire-géographie qui fuit constamment mon regard, une affiche de Louise Michel avait disparu. Ne reste plus que celle d'une pionnière de l'entrepreneuriat.

Dans une autre salle, occupée essentiellement par un professeur de lettres –qui a cessé depuis plusieurs mois de me saluer, un pionnier dans son genre–, le bureau est systématiquement laissé dans un état déplorable, avec des emballages, du tabac, des feuilles, des livres, une tasse, des mouchoirs... Impossible de poser mes affaires le temps du cours. J'ai fini par me demander s'il ne le faisait pas exprès afin d'exprimer son mépris à mon égard. L'agente d'entretien, témoin de ce désordre, n'en revenait pas. J'ai pris quelques photos pour mémoire.

Ce vendredi avait une saveur particulière. Non seulement il marquait la fin de ma semaine de labeur –ce simple fait devrait être célébré comme il se doit–, mais ce jour correspondait également à mon passage au Maghreb-Orient des livres pour une séance de dédicaces (*Dissidences algériennes* étant paru en 2021, j'étais invité pour l'événement). Avant de rencontrer d'éventuels lecteurs, je devais retrouver un ancien camarade, perdu de vue depuis l'époque de mes études à la Sorbonne et de la lutte victorieuse contre le CPE (Contrat première embauche) en 2006. Cela me réjouissait et me rajeunissait par la même occasion.

J'ai d'abord fait une halte dans un café parisien pour couper avec le monde de l'aliénation et de la relégation. En effet, je me sentais abruti par cette folle semaine. Un allongé et un verre d'eau ne seraient pas de trop. J'ai lu des journaux qui traînaient dans la sacoche offerte par ma mère, remis quelques idées en place, consulté mon Smartphone et observé deux jeunes femmes –probablement des touristes– qui déjeunaient à une heure bien tardive.

Puis j'ai quitté cet endroit apaisant pour retrouver mon vieil ami. Il n'avait pas changé malgré la paternité: la social-démocratie conserve. Nous avons discuté des élections, du résultat de la France insoumise, de l'état de la gauche, de l'école publique, des quartiers populaires, de la dernière affaire Taha Bouhafs –qui a retiré sa candidature aux législatives après des accusations de violences sexuelles– et de ce qu'il restait à faire. Nos obligations nous ont séparés. Mais nous nous retrouverons bientôt, c'est certain.

J'ai fini par atterrir dans les luxueux salons de l'Hôtel de Ville, quelques minutes avant le début de la séance. Je me présente devant un jeune homme chargé de l'accueil, qui préfère regarder son téléphone. Je poireaute quelques secondes, un peu gêné, puis je me permets de lui adresser un «Bonjour!» chaleureux et sonore. Il me dévisage et se confond en excuses. Autant en sourire: ce matin, j'étais dans le même état de somnambulisme technologique. On m'oriente vers un autre stand où l'on me remet un badge avant de m'accompagner à une table sur laquelle m'attendent des exemplaires de mon dernier ouvrage.

Une urgence s'impose. Je fonce aux sanitaires où j'ai l'étrange impression de croiser un journaliste qui s'évertue à me boycotter depuis la sortie de mon premier livre. Je n'avais jamais eu l'occasion de le rencontrer. Tout au plus avais-je visionné la vidéo d'un débat au cours duquel il était intervenu. Bref. On me confirmera plus tard qu'il s'agissait bien de lui. Quand le doute m'habite, je ne suis pas du genre à montrer les dents. J'avais déjà connu une expérience similaire de l'autre côté de la Méditerranée. Je m'étais retrouvé nez à nez, sans le savoir, avec un militant antiraciste qui, depuis 2017, avait fait circuler dans son milieu les pires insanités sur mon compte, jusqu'au jour où il prit le temps de lire ma prose pour décréter, au plus haut des cieux décoloniaux, que l'on pouvait discuter avec moi. Trop tard, le mal était fait, et je n'oublierai jamais les coups sous la ceinture que des petites frappes ont cherché à me porter en bande organisée. Lâches.

J'ai repris ma place en scrutant les dorures au plafond. Les premières minutes sont toujours les plus difficiles. Qui pourrait bien faire le déplacement pour aller à ma rencontre et discuter un vendredi après-midi de la gauche révolutionnaire?

Deux vieux messieurs s'approchent discrètement, sans affronter mon regard. L'un murmure à l'autre, en frôlant la couverture du livre: «C'est Nedjib Sidi Moussa...» Puis ils s'éloignent, sans m'adresser la parole. Étrange.

Un autre homme d'un certain âge se déplace également dans ma direction. Il me sourit et me tend sa main. Nous étions en contact *via* Facebook sans avoir jamais eu l'occasion de nous rencontrer. C'est chose faite et j'en suis heureux.

Un journaliste me demande, suspicieux, si je suis installé «ici ou là-bas» puis me somme d'expliquer le sous-titre. Je m'y essaie, sans le convaincre. D'ailleurs, m'écoute-t-il vraiment? Il m'assure avoir acheté mon livre sans toutefois l'avoir encore lu. Ce qui ne l'a pas empêché d'en parler autour de lui.

Un homme d'âge mûr s'approche, en crabe. Il ne se présente pas et me demande le *pitch* en parcourant le sommaire, sourcils froncés. Il n'a jamais entendu parler du livre et ne comprend pas pourquoi. Je tente une explication. «Bon, bon, je vais me renseigner...» C'est-à-dire? «Je vais demander autour de moi qui est Nedjib Sidi Moussa.» Il est pourtant en face de lui.

Une organisatrice vient à ma rescousse. Une femme adorable, polie, fine et distinguée. Entre-temps, une jeune cousine m'a fait la surprise de sa venue. Elle me dit toute sa fierté de me voir dans de telles circonstances. Je reconnais un jeune lecteur dont j'avais fait la connaissance récemment. Quel bonheur de le retrouver! Un second jeune homme se présente à son tour: il était venu assister à une discussion autour de mon livre sur les messalistes. Puis un troisième, toujours aussi jeune, vient me saluer: c'est le frère d'un camarade d'Algérie. J'en oubliais presque les divergences et les mauvais souvenirs du hirak. Entouré de ces éminents représentants des générations montantes, j'ai salué de la main une universitaire qui passait à quelques mètres. Elle m'a répondu d'un signe de tête sans s'arrêter. Une dernière connaissance, que je n'avais pas revue depuis une décennie, arrive enfin.

Que d'émotions! Nos vies ont changé, mais pas nos passions. Et c'est la meilleure nouvelle de la semaine.

Franchement, si elle est riche et qu'elle me paie, je lui fais direct des gosses

•

22 MAI 2022

#1 Mardi. Je gagne mon domicile, en banlieue sud, après une journée éreintante. La semaine avait plutôt mal commencé. La veille, de jeunes voisins avaient eu l'idée géniale de faire la fête jusqu'à trois heures du matin, avec les hurlements et la musique de circonstance. Comment peut-on être aussi irrespectueux un lundi soir? J'étais trop épuisé par le boulot pour quitter mon lit Ikea, usé par les rodéos urbains, et leur mettre un coup de pression.

Privé d'une véritable nuit de sommeil, il m'a été d'autant plus difficile de mettre en œuvre les activités prévues, d'autant que les élèves, jusqu'aux plus sérieux, sont déjà mentalement en vacances. Je n'étais donc pas malheureux à l'idée de rentrer chez moi, même si du travail m'attendait. C'est le mythe de Sisyphe, version Albert Camus ou Ulysse 31. Ces récits ont façonné ma jeunesse et me voici rattrapé par l'absurdité à bientôt 40 ans.

En arrivant dans le hall de mon immeuble, mon regard est attiré par des bulletins sur lesquels j'aperçois un Post-It vert fluo: «Faites les tourner!» Il s'agit en fait d'exemplaires photocopiés de *Faits & Documents*, la «fameuse» lettre confidentielle fondée par le journaliste d'extrême droite Emmanuel Ratier, obsédé par les complots, les juifs et les francs-maçons. J'ai été confronté dès mon plus jeune âge à des personnes travaillées par les mêmes délires.

Me voilà donc cerné: mais à quel étage logent les fascistes? Je connais à peine mes voisins. Je pourrais décéder seul dans mon studio sans qu'ils ne s'en rendent compte.

#2 Mercredi. Après quatre heures de cours, je quitte mon collège de la banlieue nord pour aller déposer un paquet de 80 copies dans une université de la banlieue ouest. Temps de trajet estimé: 1 h 30 environ. Je repense à l'accueil des élèves en première heure: détestable. En raison d'un «malaise voyageur», je suis resté coincé dans le métro avec deux autres collègues, sympathiques au demeurant.

Nous sommes donc arrivés avec quelques minutes de retard, nos classes nous attendant rangées dans la cour. Les gamins étaient dégoûtés de nous voir car ils pensaient échapper à une heure de cours. C'est compréhensible de leur point de vue... Sauf que cette déception s'est muée chez certains en agressivité à peine dissimulée. J'en étais presque choqué de si bonne heure. Et il m'a fallu ramer afin de pouvoir les amener à se concentrer.

À l'université, j'ai été accueilli par une employée à qui j'ai remis mon paquet. J'ai tenté de lui expliquer que le délai (moins d'une semaine) était trop court, que j'ai à peine eu le temps de noter, que je suis sur plusieurs établissements, que le service public se porte mal et qu'on ne devrait pas accepter de telles cadences. Elle m'a répondu simplement: «Je suis aussi vacataire, je travaille dans une autre faculté mais je reste dans les environs.»

Pour la convergence des luttes, on repassera. Je voulais au moins échanger sur nos conditions de travail mais le dialogue n'était pas le bienvenu.

Jeudi. Depuis la fin du deuxième semestre à l'université, le jeudi redevient mon jour de pause. En raison de mes engagements multiples et du rythme que je me suis imposé, il m'est toutefois impossible de me reposer complètement. Je peux néanmoins m'autoriser à ne pas programmer mon réveil, même si mon horloge biologique reste fonctionnelle, en se calant sur Les Matins de France Culture: mon doctorat en science politique aura au moins servi à cela.

L'état de mon réfrigérateur et de mes provisions m'incite à faire quelques courses. Je suis plutôt bien servi de ce point de vue malgré la fermeture de deux commerces de proximité qui n'ont pas résisté à la concurrence des grandes surfaces. En sortant de ma douche tardive, je remarque de nouveaux poils blancs sur ma barbe. Je vieillis, c'est indéniable. À force de fréquenter des Milfs (mothers I'd like to fuck), je vais finir par ressembler à un Filf (father I'd like to fuck) sans enfant. Le comble !

À l'hypermarché, je passe plus de temps que d'habitude au rayon DPH (droguerie, parfumerie, hygiène). J'en profite pour acheter une brosse à dents, du dentifrice, du gel à raser, du baume après-rasage, du gel nettoyant et, grande première, de la crème anti-âge. En soirée, en cherchant un restaurant où m'attabler vers la porte de Choisy, je suis tombé sur Michel Houellebecq en grande conversation avec ses convives en terrasse.

Quelques semaines auparavant, j'avais croisé Booba place d'Italie. Dire que je croyais vivre dans le secteur le moins attractif de la région parisienne…

#3 Vendredi. Dernier jour de la semaine, enfin. La première heure a été globalement décevante. C'est pourtant ma classe préférée. Mais les élèves ont fait preuve de mauvaise volonté. C'en est devenu littéralement insupportable. Il m'a fallu interrompre le cours et imposer une interrogation surprise. Certains collègues lèvent le pied le vendredi pour avoir la paix. Par conséquent, les enfants ne comprennent pas pourquoi je ne fais pas comme eux.

En deuxième heure, je reçois un autre groupe de sixième. Nous parvenons à discuter du métier de journaliste en abordant ce jour-là les techniques de base, comme le reportage ou l'interview. L'échange est intéressant. Cela me redonne de l'espoir et de l'énergie. Un élève me pose une question étrange : « Monsieur, qu'est-ce qui se passe si une journaliste femme se retrouve en reportage dans un pays en guerre et qu'on lui impose de porter le voile ? »

J'imagine que se bousculent dans son esprit les images d'Afghanistan et d'Ukraine. Je tente une réponse. Une élève me lance: «Monsieur, c'est vrai qu'en Afghanistan on vend des petites filles?» J'essaie encore d'expliquer. Un garçon glousse devant moi. Je lui dis: «Tu crois que ça te plairait si on te mariait avec une femme bien plus âgée?» Il me répond du tac au tac: «Franchement, si elle est riche et qu'elle me paie, je lui fais direct des gosses!»

Quant au nouveau gouvernement, que dire? La diversité (et la parité) contre l'égalité. Pendant ce temps, les mêmes polémiques débiles colonisent l'espace médiatique.

Il m'appelait « Bamboula »

•

29 MAI 2022

Quand on me parle de racisme ou qu'on m'invite à en discuter, j'essaie autant que possible de trouver les mots justes. La problématique a envahi des pans entiers de l'espace public, pour de bonnes et de mauvaises raisons. Ce qui prouve sans doute que la société est beaucoup plus attentive aux discriminations mais cette tendance ne va pas sans s'accompagner de plus de confusionnisme et d'opportunisme en la matière.

C'est une question sensible à mes yeux parce qu'en dépit de mes critiques à l'égard de ce qu'on appelle de nos jours l'«antiracisme politique» ou de la banalisation de termes controversés (comme ceux de «race» ou de «racisés»), cette réalité ne fait pas moins partie de mon quotidien et de celui de mes proches, ce que semblent ignorer certains de mes contempteurs, voire de mes soutiens.

Si j'essaie de me souvenir de mes premières déconvenues, il me faut passer par l'enfance, certes pas traumatisante mais riche en leçons. Incontestablement, certains enseignants de mon Nord natal pouvaient avoir des comportements déplacés ou tenir des propos douteux mais disons les choses en toute franchise: ils étaient tout à fait minoritaires et identifiés comme tels par nous autres. Ces choses-là se savaient. Il y avait les bons et les mauvais.

Quid des élèves, de mes camarades de classe? J'avoue ne pas en avoir souffert non plus, à une exception près, maintenant que j'y repense. En changeant d'école primaire, après mon départ de Saint-Saulve, un «grand» (il était à un niveau supérieur et me paraissait également gigantesque) avait choisi de me harceler en tant que petit nouveau. Il m'appelait «Bamboula» (à l'époque, on pouvait voir quotidiennement à la télévision des publicités pour des biscuits chocolatés de cette marque!) ou «Maradoudou» (j'ignore où il était allé chercher tout ça, peut-être un dérivé de Diego Maradona, qui sait ?).

Les choses se sont rapidement tassées. À partir du moment où il a voulu en venir aux agressions physiques, j'ai montré que j'avais du répondant. Mais je crois aussi que ses propos débiles ne plaisaient pas beaucoup à mes nouveaux amis, dont quelques-uns étaient, comme moi, des enfants de prolétaires venus d'Algérie. Sauf qu'ils ne subissaient pas ces insultes car ils connaissaient le gros lourd depuis longtemps et parce qu'ils avaient des frères, nombreux et réputés pour leurs aptitudes à la castagne. Quand mon harceleur en herbe a fini par comprendre que j'avais aussi pas mal d'oncles dans un quartier de Marly à la réputation sulfureuse, il est subitement revenu à une attitude plus amicale.

Les rapports avec mes voisins étaient en général cordiaux, voire chaleureux, y compris après avoir quitté les logements sociaux (où l'on croisait de nombreuses familles maghrébines). J'ai néanmoins connu un incident qui m'a longtemps marqué.

Pendant les vacances d'été, mon bon ami de l'école primaire avait réussi à m'entraîner vers une maison qu'il disait abandonnée. Il m'avait attiré en me faisant miroiter des ballons de football ou des consoles de jeux à tire-larigot, une véritable caverne d'Ali Baba en plein ch'Nord, naïf que j'étais! Arrivé sur les lieux, je ne me sentais guère rassuré. J'ai préféré l'attendre à l'extérieur avec le VTT flambant neuf que mon père venait de m'offrir pour mon entrée au collège.

Notre groupe, si peu discret, a fini par attirer l'attention d'hommes installés dans le bistrot d'à côté. Les types se sont mis à hurler des insanités puis ont appelé la police. L'un des consommateurs, saoul et malodorant, a voulu prendre mon vélo de force en me traitant de voleur. Il m'a regardé avec haine et s'est permis de me frapper. La douleur m'a fait lâcher mon VTT, arrachant la mousse de la poignée dans sa chute.

En tant que jeune Arabe, en particulier dans ce contexte délicat, je ne pouvais être qu'un délinquant. Les copains qui étaient, eux, bien entrés dans la maison, sont partis comme si de rien n'était grâce au témoignage d'une fille plus âgée que nous et qui passait par là: «Je connais bien son grand frère, a-t-elle dit au sujet de l'ami qui m'avait conduit dans cette galère, ce sont des gens corrects. Par contre, les autres, je ne les connais pas.»

Le problème, c'est que je faisais partie de ces autres. J'étais d'ailleurs coincé avec un copain, d'origine marocaine, qui venait lui aussi d'arriver dans la ville. Nous avons tous les deux été interrogés par la police. Ils nous ont demandé nos noms et ce que nous faisions par ici avant de nous laisser partir, au grand désarroi des lanceurs d'alerte de pacotille, imbibés de bière bon marché. Nous sommes rentrés chez nous les larmes aux yeux, en nous jurant de ne plus jamais suivre notre nouvel ami dans ses aventures plus que douteuses.

C'était la première fois que j'avais affaire à la police. Mais pas la dernière.

Quant au racisme ou aux préjugés (culturels, nationaux, religieux ou de classe), j'y serai constamment confronté en grandissant, dans des circonstances très différentes, en des lieux parfois improbables et dans des situations parfois insolites. Mais sans jamais m'y résigner.

J'en ai fait l'expérience chez les riches et les pauvres, les Algériens et les Français, les croyants et les athées, les illettrés et les écrivains, les radicaux et les réactionnaires, les fonctionnaires et les commerciaux, les jeunes et les vieux, les hommes et les femmes...

C'est sans doute une des choses les mieux partagées chez nos contemporains malgré leurs belles déclarations de principe.

Certes, cela ne correspond pas toujours à ce que l'on entend par racisme ou xénophobie mais il y a toujours cette tendance insupportable à la séparation.

Quand ils en viennent à définir des critères prétendument objectifs pour sélectionner (car il s'agit bien de cela) ceux qu'ils souhaitent avoir pour concitoyens, camarades, collègues, locataires, conjoints, amants ou amis, ils commencent par tracer des frontières sur la base de leurs désirs refoulés (qui dérivent vers la théorie chez les intellectuels, l'activisme chez les militants ou la culture chez les cadres) ou à réactiver instinctivement des mécanismes d'autodéfense, comme si l'autre constituait, par sa singularité (ou sa « différence », d'autant plus intolérable qu'il pourrait être confondu avec son semblable), une menace existentielle pour leur intégrité physique et morale.

Et pourtant...

No esperes nada de la vida

•

1er JUIN 2022

#1 Lundi. La semaine commence mal.
Nuit blanche.
J'enchaîne les problèmes dans les transports en commun. Deux lignes de métro sur les trois que j'emprunte quotidiennement sont concernées par des incidents divers et variés. Mes compagnons de voyage, dont je perçois l'hygiène aléatoire depuis l'abandon des masques conjugué à la hausse des températures, perdent leur calme et deviennent vulgaires de bon matin. Les banlieusards dans toute leur splendeur. J'entends des horreurs sur le service public, certes cabossé, mais je le suis sans doute tout autant. Ce qui doit même commencer à se voir, s'entendre ou se lire. Si les prolétaires canalisaient cette colère pour la diriger contre l'ennemi commun, nous n'en serions probablement pas à un tel niveau de décomposition.

J'arrive légèrement en retard au collège alors que j'avais quitté mon domicile très en avance en sifflotant «Le Jardin», une chanson désespérée de La Femme, que l'espagnol et l'orchestration réussissent à rendre plus douce à mes oreilles: «*No esperes nada de la vida/Porque la vida es una puta que pagas con tu cuerpo/Y quizás, esta noche te quedes dormido en un hospital/O quizás en mis abrazos, en un jardín de albaricoques.*»

En me connectant au réseau informatique pour faire l'appel, je me rends compte de la suppression de deux heures dans mon emploi du temps en raison d'une sortie qui concerne une classe de cinquième. De toutes les manières, j'avais prévu de reprendre pendant ma pause déjeuner un entretien accordé à un quotidien algérien. Il y a nécessairement des contraintes de temps et d'espace. Il faut donc aller à l'essentiel, d'autant que j'ai oublié d'embarquer mon chargeur de portable. J'écris et corrige un œil rivé sur le pourcentage de batterie. Sur le fil du rasoir, toujours.

Je termine la journée avec un groupe de quatrième tout à fait détestable. Ces enfants font preuve d'une violence innommable entre eux. Ils m'obligent à élever la voix. Je dois avoir l'air aussi stupide que mes collègues lorsqu'ils hurlent « Silence ! » toutes les deux minutes. En y repensant, il y a quelque chose de proprement insensé dans cette situation qui consiste à se nuire les uns aux autres, adultes comme enfants.

La sonnerie me libère, épuisé. Je fonce au cinéma pour voir *Top Gun: Maverick*. Je me cramponne à mon siège durant la projection, retrouvant des sensations oubliées de spectateur solitaire. Les idées se bousculent dans ma tête. J'oublie pour boire.

#2 Mardi. Voilà, voilà que ça recommence.

Nuit blanche. Problèmes de transports. Stress matinal tout à fait superflu puisque d'une façon tout à fait paradoxale, j'arrive légèrement en avance, ce qui me laisse le temps de discuter avec un élève de sixième dans la cour en attendant la sonnerie. Il me raconte son week-end prolongé et les moqueries de ses camarades en raison de sa teinture. Je tente de le rassurer en lui disant que je trouve cela joli. Mais je suis un bien mauvais menteur. Quelle idée de se coller des mèches blondes ! En même temps, je suis mal placé pour parler cheveux.

Je commence ma journée avec mon rituel habituel : je photographie le bureau dégueulasse laissé par mon prédécesseur, qui doit se considérer comme le propriétaire légitime de cette salle. S'il pouvait uriner dans un coin pour laisser son odeur, il le ferait sans doute. Après tout, il est titulaire, pas moi.

Je lutte contre la fatigue en attendant ma pause de quatre heures. Les élèves travaillent sur un quotidien gratuit ramassé pour eux la veille. Certains n'ont jamais lu un journal de leur vie. Ils apprennent des choses rudimentaires. On parle d'inflation, de salaire et de guerre. Personne ne veut devenir enseignant ou journaliste, ce qui a le mérite d'être clair. Face aux influenceurs ou aux mafieux, nous ne faisons pas le poids aux yeux des enfants d'ouvriers qui assimilent les valeurs dominantes d'une société affligeante.

À ma pause, je me réfugie à Paris, dans un café climatisé. Tandis que je reprends un article pour une revue scientifique, mes oreilles sont agressées par une conversation voisine. Un couple d'étudiants en école de commerce parle de *business plan*, de destinations exotiques et de troubles anxieux. Ils ont les moyens de leurs délires. Ma réalité n'est pas la leur. En face de moi, une jeune femme, brune et élancée, a les ongles vernis. Sa beauté et son élégance réveillent chez moi des désirs enfouis sous la colère.

Je dois repartir bosser.

Une classe de cinquième me fait péter les plombs. J'ai perdu mon sang-froid, ça va mal finir.

De retour chez moi, j'essaie de regarder la dernière saison de *Stranger Things*.

J'arrête au bout de quelques minutes.

#3 Mercredi. Nuit grise.

Tout va bien dans les transports. J'arrive en avance au collège. J'ai le temps de déposer mes affaires dans la salle du jour. Un élève perturbateur est de retour. Je l'exclue du cours mais il est sauvé par le gong. Comment être anti-autoritaire dans un cadre qui ne l'est pas? Le système joue contre mes valeurs. Les mauvais éléments, et ils sont légion, prennent mon attitude pour de la faiblesse. Les bons élèves, qui subissent l'ambiance délétère de l'établissement, m'appellent à plus de sévérité. Nous comptons les semaines, les jours, les heures... C'est pathétique.

Je sors un élève de quatrième qui me provoque dès son arrivée. La mesure, qui contredit mes principes, amène subitement le calme dans cette classe agitée. On parle de la Californie dans la mondialisation. J'en profite pour glisser des conseils de lecture aux deux élèves attentives, que l'on qualifierait en d'autres lieux de «*queer*», toujours installées au premier rang, et qui prennent des notes dans le silence: *Los Angeles Times*, *Los Angeles Review of Books*...

J'ai tenu la matinée grâce à une boisson énergisante et une banane. En rentrant chez moi, je parcours mes courriels. On me propose de reprendre un cours à l'université en tant que vacataire. Le message est amical mais je me dois de refuser. Ma décision est prise. J'avais déjà décliné une offre similaire quelques jours auparavant. C'est fini pour moi en France. Je préfère me focaliser sur l'écriture et chercher un poste à l'étranger.

En attendant, je donne le maximum à mes lecteurs, amis et camarades. Mon entretien accordé au blog autonome *Hacking Lord Sutch* a circulé dans les milieux autorisés. Des intellectuels et militants m'ont écrit à ce sujet pour me féliciter.

La lutte continue.

Ici ou ailleurs.

Mais monsieur, ça veut dire le zizi d'un homme

•

6 JUIN 2022

#1 Vendredi. Dernière journée avant le week-end prolongé. Les jours fériés et les vacances, c'est ce qu'il y a de mieux dans le travail. Je commence avec une classe de sixième. On termine une activité qui a pour cadre l'île Maurice. J'interroge une élève distraite et l'invite à me décrire une photographie reproduite sur le manuel. Récapitulation: on voit sur l'image un port de plaisance, des voiliers, un complexe hôtelier, des bungalows...

Silence général dans la salle suivi de gloussements discrets. Un garçon me demande avec malice: « Vous avez dit quoi, monsieur? J'ai mal entendu le dernier mot. » Je sens l'arnaque. Joueur, je reprends mon énumération. Les enfants s'agitent puis s'esclaffent en s'échangeant des regards de satisfaction. L'un d'eux ose: « Ben en fait, monsieur, le mot, là, ben... ça veut dire autre chose... » Il s'étouffe de rire.

Soudain, j'ai peur de comprendre. Il faut vite passer à autre chose en gardant son sérieux.

Quelques heures plus tard, je reçois mon autre classe de sixième. Même exercice. J'hésite avant de prononcer « bungalow », jusqu'alors anodin à mes yeux. Mais je ne plie pas.

Réaction identique. J'entends « bangala » circuler dans la classe. Je fronce les sourcils et appelle au silence. C'est alors qu'un élève se lâche carrément et se montre plus explicite: « Mais monsieur, ça veut dire le zizi d'un homme, vérifiez, vous verrez! » Hilarité générale. Je fonce sur l'ordinateur pour effectuer une recherche.

Sueur froide quand je tombe sur cette définition:

«Le mot bangala signifie "sexe de l'homme, pénis", en particulier en parlant d'un homme à la peau noire. En français, c'est aujourd'hui un mot d'argot, l'un des nombreux mots argotiques qui sont synonymes de pénis. [...] Comme synonyme de pénis, avant d'arriver en France, le mot bangala s'est d'abord employé en français d'Afrique. [...] On le rencontre dans des récits publiés en France à partir des années 1960 mais c'est surtout depuis le début des années 2020 qu'il se diffuse, notamment dans l'argot pratiqué par les jeunes adultes et les adolescents.»

Je suis définitivement vieux.

#2 Dimanche. Un résumé de mon prochain livre commence à circuler sur Twitter. Je remarque une horrible coquille. Après vérification, un mot a été glissé dans la version d'origine (celle demandée par mon éditeur), avec une faute d'orthographe en bonus. Je ne suis donc pas fautif. Avec l'âge et la fatigue, ma vue baisse indéniablement. Mais j'essaie toutefois de rester vigilant.

Cette déconvenue m'incite à reprendre la maîtrise de la communication et à annoncer moi-même la nouvelle sur les réseaux, un mois après avoir dévoilé la couverture et le titre qui ont visiblement intrigué plus d'un internaute. J'avais même eu droit à quelques messages privés plutôt sympathiques, parfois des développements tout à fait hors sujet, tout comme quelques quiproquos. Après tout, ma vie n'est qu'un immense malentendu.

Je ne dirai pas autre chose à mon ami historien grâce auquel j'ai été invité à un événement communautaire dans l'après-midi. C'était surtout le prétexte de passer du temps avec lui et d'échanger des nouvelles. Mais aussi de vivre ma situation de parfait outsider puisque je ne faisais pas partie de la tribu. Sauf que j'avais précisément été sollicité en connaissance de cause par les organisateurs et que j'avais accepté pour cette raison.

Sortir de l'entre-soi, battre en brèche les préjugés, rompre avant l'auto-enfermement... Ce ne sont pas que des idées, il faut également donner de sa personne. Mais nous ne sommes pas tous sur la même longueur d'onde, loin de là. Il y a encore du pain sur la planche pour briser les routines, accepter les différences, faire reculer le racisme, d'où qu'il vienne.

Je suis suffisamment *mal* placé, en raison de mes origines, de mon patronyme, de mon faciès, de mes activités, de mes amitiés, de mes amours, etc., pour comprendre que les torts sont partagés et qu'aux délires des uns répondent immanquablement les obsessions des autres.

Je m'éclipse avec mes livres aux couvertures outrageuses et mon gobelet vide. La soirée se termine à la Butte-aux-Cailles pour une interview avec une chercheuse prometteuse. Je pense à la regrettée Radhia Novat, alias Miss.Tic, en passant devant de l'art de rue. L'échange me redonne de l'espoir. Une fois le micro éteint, je me permets de conseiller ma jeune interlocutrice comme personne ne l'a fait pour moi: elle représente le futur.

Après une Meteor, je ne suis plus qu'une relique du passé.

#3 Lundi. Je sors de chez moi pour passer la journée avec mes neveux. Sur le chemin, dans le tramway, j'apprends la parution de mon entretien dans un quotidien algérien. J'annonce sans trop tarder la nouvelle sur Facebook et Instagram avec mon Smartphone. Les mots ont été pesés en respectant les contraintes de l'exercice. L'enjeu consiste désormais à être compris, par ceux qui veulent bien comprendre, à Alger, Paris, New York ou Mexico.

Je ne me fais guère d'illusions sur le mépris ou les méprises, pas plus que sur la mauvaise foi des intellectuels ou le rapport de force défavorable. Sur ce dernier point, il suffit de jeter un œil à l'audience des instagrameurs, tiktokeurs et autres youtubeurs de la mouvance ultra-conservatrice au plan international pour comprendre notre malheur.

Un de mes nouveaux contacts Facebook, accepté sans trop de précautions, a réagi à sa manière aux propos accordés au journal algérois. Dans un commentaire, ce désormais ancien «ami» a prétendu que la couverture de mon prochain livre –une carte de France où ont été placés des noms de villes algériennes– ne pouvait que servir la propagande d'Éric Zemmour... Cet universitaire d'outre-Méditerranée ignore donc qu'il s'agit d'un clin d'œil anticolonialiste à la revue surréaliste belge *Les Lèvres nues* datée de mai 1956.

Sur Twitter, un internaute qui arbore le doux pseudonyme de «Muslim Hégirien» m'a sobrement épinglé en ces termes: «Historien de HIZB FRANSA». Après avoir été qualifié d'«islamophobe» puis d'«éradicateur» par une poignée de haineux, me voici désormais affilié bien malgré moi au «parti de la France». Faut-il en rire ou en pleurer?

De retour dans mon studio de célibataire, mon téléphone sonne –enfin, il s'illumine, puisqu'il reste en silencieux. Mon vieil ami, camarade et professeur m'appelle pour me féliciter et m'encourager. On lui a dit beaucoup de bien de l'entretien paru ce jour.

Je vous souhaite d'avoir des amis comme lui.

Je plains nos ennemis.

Monsieur, je peux vous dire la vérité ?

•

9 JUIN 2022

#1 Mardi. Il faut bien reprendre après ce week-end prolongé. Fort heureusement, en première heure, les élèves de quatrième sont encore endormis, à de rares exceptions près. Les éléments les plus brillants, systématiquement assis au premier rang, se réjouissent d'apprendre que nous nous consacrerons exclusivement à l'histoire jusqu'à la fin de l'année. La Commune de Paris n'évoquait rien à la classe, sauf à une élève, aussi géniale que fragile.

Ainsi que je le subodorais, son père, enseignant de profession, est un militant révolutionnaire. Il a au moins le mérite de demeurer fidèle à ses convictions et de ne pas avoir placé sa fille dans un établissement privé même si, en raison de l'ambiance délétère qui règne dans celui-ci – et en particulier les tensions qui pourrissent l'atmosphère de cette classe –, un autre choix n'aurait rien eu de déshonorant pour le bien-être de son enfant.

Depuis que j'enseigne dans des collèges classés en REP et que je mesure le démantèlement avancé du service public, dont pâtissent autant les élèves issus des classes laborieuses que les enseignants prolétarisés, je suis devenu beaucoup plus compréhensif à l'égard des parents qui s'inquiètent du devenir de leur progéniture, quitte à contredire leurs principes de gauche. Mais qui suis-je pour juger? Je ne suis pas père, je ne leur jette pas la pierre.

Après tout, notre nouveau ministre de tutelle, qui s'est présenté devant l'opinion publique comme «un pur produit de la méritocratie républicaine» – son parcours (ENS, EHESS, Sciences Po Paris) ressemble plutôt au tiercé gagnant d'une ascension petite-bourgeoise–, a inscrit ses enfants à l'École alsacienne, un établissement privé très sélectif, qualifié par la presse bien informée de «symbole de l'entre-soi» ou de «berceau de l'élite».

Retour à ma réalité. Après avoir avalé à la pause une banane mûre et descendu une canette de Red Bull sans sucres, je reçois un groupe de cinquième quelque peu agité. Une élève, footballeuse dans le civil, me lance d'entrée de jeu:

«Monsieur, je peux vous dire la vérité?

— Dis toujours. Je t'écoute.

— Ben, vous êtes beaucoup plus gentil en demi-groupe.

— Comment ça?

— Ben, vous êtes quand même sévère en classe entière!

— Ah bon? Tu trouves? Et pourquoi à ton avis?

— Ben, je ne sais pas.

— Vraiment? Tu es sûre de toi?»

Silence. Sa voisine, que j'ai pris l'habitude de rappeler à l'ordre à cause de ses bavardages intempestifs, murmure: «On fait quand même beaucoup de bruit en classe entière...»

Me voilà lancé dans un discours:

«On arrive à la fin du trimestre et je dois avouer que je n'ai pas pu faire cours comme je le souhaitais en raison du comportement de certains élèves qui ont de véritables problèmes d'éducation et de respect. Sauf que je ne suis pas votre père; je ne suis pas non plus éducateur ou travailleur social. Je n'ignore pas vos difficultés, croyez-moi, je suis de tout cœur avec vous, mais j'essaie tout simplement d'être enseignant. En vérité, le problème est plus grave. J'aime ce métier, j'ai envie de transmettre des connaissances mais les conditions sont loin d'être réunies. Je suis sans doute plus gentil en demi-groupe, comme le dit votre camarade, mais ce n'est pas la question. D'ailleurs, ça n'a pas grand-chose à voir avec mon humeur ou votre attitude: on ne devrait se voir qu'en demi-groupe. Dans ce collège, comme dans beaucoup d'autres de ce type, on ne devrait jamais travailler en classe entière. Ce n'est pas possible et ceux de l'extérieur ne s'en rendent pas compte ou ne veulent pas le savoir. Les emplois du temps devraient être aménagés. Ce qui demande un changement global. Je ne suis pas sûr que l'on prenne ce chemin. C'est révoltant. Surtout pour vous... car vous accumulez du retard par rapport aux élèves issus de milieux privilégiés.»

Une éducatrice, qui suit un élève en difficulté, approuve d'un signe de tête. Les enfants me regardent, perplexes, et demeurent silencieux. Un instant.

#2 Mercredi. Je dévale les escaliers pour récupérer un groupe de sixièmes. Je croise des élèves que je ne connais pas. L'un d'eux murmure à son camarade:

«Regarde, c'est M. Sidi Moussa...

— Dis wallah?

— Je te jure, c'est lui!

— Bonjour M. Sidi Moussa!

— Bonjour les enfants! Bon cours.»

Malgré cette situation pour le moins cocasse, ces gamins m'ont redonné la pêche. Je me demande toutefois ce qui se passe dans leur monde. Il m'arrive souvent d'être interpellé dans les couloirs ou dans la cour de récréation par des enfants, dont je ne suis pourtant pas le professeur, en raison de ma visibilité, certes modeste, sur Internet. Une élève de cinquième a d'ailleurs pris l'habitude de me dire, à chaque fois qu'elle me croise, avec son grand sourire: «Je vous ai vu sur la télé arabe!»

Pendant un temps, je pratiquais le déni en parlant de «sosie» ou d'«usurpation d'identité», avant d'assumer pour relativiser l'importance qu'elle semblait donner à cette interview pour Radio M (la fameuse «télé arabe» selon cette gamine au teint hâlé). Je me suis un jour arrêté à sa hauteur pour lui expliquer qu'il n'y avait rien d'extraordinaire à cela et que non, décidemment, je n'étais pas une célébrité... À peine lui avais-je tourné le dos pour rejoindre ma salle que je l'entendais: «BG, hein!»

Où va le monde ? J'ai été très courageux en faisant comme si je n'avais rien entendu. Tout de même... On ne dit pas ça à un adulte, encore moins à un professeur. Par la suite, elle s'est montrée moins provocatrice, tout en restant bloquée sur la « télé arabe ». Elle essayait visiblement de me dire quelque chose. Mais quoi ?

Dernièrement, j'ai pris le temps de faire une halte suite à une nouvelle interpellation de sa part. J'ai répondu à ses questions, très naïves, et j'en ai profité pour lui rappeler qu'il y avait des limites à respecter, notamment dans le langage, car cela pouvait être très mal interprété.

Le message est passé. Ce matin, en la croisant dans la cour, elle m'a dit, rigolarde : « Monsieur, j'ai lu tous vos livres ! Franchement, c'est super intéressant... » À ma grande surprise, elle connaissait même le titre de certains de mes ouvrages – pas sûr que mes proches puissent en dire autant.

C'est toujours ça de gagné sur la dictature des images et la violence d'une société régie par le fric.

À quoi ça sert cette matière ? Ils sont tous morts !

•

12 JUIN 2022

#1 Jeudi. Jour de repos. Du moins en ce qui concerne le collège. Depuis la remise de mon manuscrit et la fin du deuxième semestre à l'université, j'ai redécouvert le sens d'un mot pourtant simple: récupération. Pendant longtemps, je l'ai associé à l'oisiveté ou à l'ennui. Et si je revendique –pour les autres– le droit à la paresse, je n'en demeure pas moins conscient de mon rapport problématique au travail, à l'instar de mes contemporains.

En effet, je n'ai jamais pu être satisfait à l'idée de ne rien faire, y compris en vacances –ce qui m'avait valu les reproches d'un amour perdu. Mais, dans le même temps, j'appartiens à une génération sacrifiée pour qui des notions –courantes jusqu'à une période récente dans cette partie du monde industrialisé– comme un emploi statutaire, un revenu régulier et un projet de vie sont devenues de pures abstractions.

C'est sans doute le drame de nombreux enfants des classes serviles chez qui la fiction de la méritocratie républicaine occasionne le plus de dégâts, surtout lorsqu'ils finissent par se rendre compte que les règles du jeu changent à mesure que la partie s'allonge, éloignant chaque jour davantage la possibilité d'atteindre deux objectifs contradictoires: une révolution sociale qui remettrait tout à plat ou l'installation définitive dans une fraction supérieure.

En attendant, je reprends la préface d'un ouvrage collectif commandée par un ami éditeur, sans oublier de répondre aux courriels d'étudiants inquiets en raison d'erreurs concernant leur note d'examen.

Comme je suis soulagé depuis ma décision de ne plus alimenter la machine à broyer qu'est devenue l'université française!

#2 Vendredi. Les algorithmes de Facebook m'ont bien cerné. Le réseau social me suggère depuis quelques jours des articles de la presse française portant sur le malaise des enseignants. J'en ai lu certains, par curiosité. Pour l'essentiel, il s'agit de témoignages de professeurs en début de carrière, tout juste sortis de l'université, jeunes lauréats d'un concours dévalorisé et confrontés à un véritable choc de la réalité (salaire, élèves, parents, collègues, etc.).

Cela fait suite à l'indignation causée par le faible nombre d'admissibles au concours par rapport aux postes à pourvoir, résultat suscitant la crainte d'une pénurie d'enseignants, sans compter l'écho donné à l'initiative du rectorat de Versailles, à savoir l'organisation de quatre «*job dating*» afin de recruter 2000 contractuels dans la plus importante académie de France.

J'ai parfois l'impression que les journalistes et les politiques découvrent la lune. Ce qui m'inquiète, en revanche, c'est la passivité des parents et l'incapacité des enseignants à imaginer des lendemains qui chantent. Mes élèves, pourtant les premiers concernés par le démantèlement du service public, sont à mille lieues de pouvoir saisir les enjeux, d'autant qu'ils sont carrément en roue libre à quelques jours des conseils de classe.

Une gamine de cinquième s'est montrée particulièrement insolente et m'a contraint à hausser le ton. Pour me signifier toute l'importance qu'elle accordait à mon cours sur l'humanisme, elle a déclaré à sa voisine: «De toutes les façons, je m'en fous de l'histoire… À quoi ça sert cette matière? Ils sont tous morts!» Très heureuse de sa saillie verbale, elle a répété, plus fort et très distinctement, au cas où je ne l'aurais pas entendue: «Ils sont tous morts!»

Je vois des gens qui sont morts…

#3 Samedi. J'avais très envie d'aller voir le dernier *Jurassic Park* après une récente déception cinématographique. En effet, je m'étais endormi en milieu de semaine devant *La Ruse*. En temps normal, j'apprécie pourtant les films d'espionnage. Mais la fatigue a eu raison de moi. On ne soulignera jamais assez à quel point le métier d'enseignant en milieu hostile est éreintant. C'est pourquoi je tiens à partager une partie de mon quotidien.

Je me suis rendu dans la matinée dans un centre commercial parisien à cause d'un trou dans ma chaussure. J'ai pu vérifier de visu l'information selon laquelle la Fnac allait fermer dans cet arrondissement de la capitale déjà fort peu doté en librairies ou lieux culturels, ce qui en fait une authentique ZAE (zone à éviter) pour la petite-bourgeoisie progressiste que l'on rencontre plus facilement à quelques stations de métro de là.

Fort heureusement, il reste quelques bars tenus par des familles kabyles où la pinte de blonde coûte 3,50 euros aux heures joyeuses ainsi que des salles de cinéma à la programmation destinée au grand public auquel j'appartiens résolument. Depuis le confinement, j'ai toutefois du mal à reprendre mes anciennes habitudes. Quand j'arrive à me motiver, c'est pour une grosse production états-unienne, histoire de me divertir en attendant la reprise.

Sauf que le conformisme hollywoodien m'agace. Je me souviens d'un échange à la sortie du dernier James Bond, une autre grosse déception pour les fans de Daniel Craig. Une jeune femme, bobo comme il faut, propre sur elle, disait à son amie: «O.K., on a compris... On est antiraciste et féministe. Pas de souci. Mais quand même, là, c'est pas un peu *too much*?»

J'avais été tenté de lui répondre que le problème consiste surtout à saupoudrer d'idéologie (parité, diversité, marché, technologie) des œuvres foncièrement médiocres, mal conçues, avec une telle maladresse que cela en devient révoltant pour le spectateur de base qui cherche un peu de divertissement (et non une piètre leçon de morale) entre deux semaines de labeur.

#4 Dimanche. Certains sont allés voter et l'ont fait savoir. Après tout, rien n'interdit le prosélytisme ou les illusions dans la démocratie représentative. J'ai préféré me promener dans un parc, en fuyant autant que possible le soleil. En observant la végétation laissée à l'état sauvage, les pelouses hirsutes, j'ai pensé à mon vieil oncle qui m'avait dit un jour, avec son inimitable accent: « Les communistes, ils n'aiment pas les fleurs ! »

Sa réplique m'avait fait sourire sur le coup.

J'aime les fleurs et le communisme.

Mais attention, sur le projet, on n'indique pas la religion

•

15 JUIN 2022

#1 Lundi. Je suis heureux à l'idée de ne pas avoir à travailler cet après-midi et de quitter le bahut en cette journée ensoleillée. En effet, je suis convoqué au rectorat pour signer un nouveau CDD. Quand on a connu les affres du chômage et de la pauvreté à bac +8, une année au-dessus du SMIC, c'est toujours ça de pris... En attendant de trouver autre chose, de pouvoir se projeter, là où l'herbe est plus verte.

Je comptais profiter de ce rendez-vous pour expliquer ma déception à l'égard de l'institution et bien souligner que je souhaitais enseigner au lycée, comme je l'avais notifié à chacune de mes candidatures – ce qui n'a toutefois pas empêché ma nomination dans deux collèges alors qu'au cours de mes entretiens d'embauche, on m'avait assuré qu'étant donné mon profil universitaire, il était tout à fait logique de répondre favorablement à cette demande.

Arrivé un peu en avance au rectorat, j'ai vite compris, à mon grand désarroi, qu'il ne s'agissait pas d'un rendez-vous individuel mais collectif. Nous étions environ une trentaine –j'étais le plus âgé à vue d'œil et un des très rares à porter une tenue décente–, debout en file indienne, à devoir récupérer nos contrats des mains d'une employée, à les signer sur un coin de table, à les remettre à une autre personne et à «poser une question» au besoin.

Je n'avais pas de question à poser mais une requête à formuler. La fonctionnaire –celle qui m'avait recruté sans pour autant s'en souvenir– m'a répondu avec un sourire gêné qu'étant donné le nombre plus important de collèges, j'avais moins de chances d'être affecté en lycée. En jetant un œil aux nombreux précaires qui patientaient, elle a fini par me dire, sans grande conviction, qu'elle verrait ce qu'elle peut faire, en surlignant mon nom sur sa liste.

De l'autre côté de cette grande salle, un rituel similaire se déroulait pour les enseignants en arts plastiques, moins nombreux. J'ai cru reconnaître dans le lot un ancien camarade syndicaliste, du temps de la Sorbonne, qui avait décidemment aussi mal tourné que moi. Génération cramée... Dans mes souvenirs, j'ai été mieux traité dans les agences Pôle emploi de Seine-Saint-Denis et du Val-de-Marne.

Humilié par ce déplacement inutile –l'année dernière, pour des raisons sanitaires, cette formalité avait été remplacée par une signature virtuelle–, je décidai d'aller faire un tour au château de Versailles, histoire de me détendre en profitant de ses jardins. Sauf que le soleil royal tapait trop fort sur mon crâne de communard. Sur le chemin du retour, j'ai croisé un visage familier sans saisir sur le moment à qui appartenaient ces traits pleins de douceur.

Il a fallu que le train quitte la gare pour m'en souvenir: c'était une de mes étudiantes.

#2 Mardi. Après deux cours en demi-groupe portant sur les élections législatives (un non-événement pour l'écrasante majorité de mes élèves), je quitte le collège pour profiter d'une pause de quatre heures –aberration de mon emploi du temps– loin de la banlieue triste, en choisissant de me réfugier dans une cafeteria climatisée de la capitale. J'ai accumulé trop de retard dans ma correspondance, sans parler de certains projets d'écriture.

Ma place habituelle est occupée par un jeune homme qui tape bruyamment sur son clavier. Je m'installe ailleurs, en attendant que se libère un siège confortable. C'est chose faite au bout de quelques minutes: une post-adolescente quitte les lieux, en jetant un regard noir à un groupe de trois femmes auxquelles je tournais jusqu'alors le dos, sans prêter attention à leur conversation malgré leurs voix haut perchées.

J'occupe désormais la place laissée vacante par la consommatrice agacée sans saisir les raisons de son courroux. Je n'allais pas tarder à comprendre, à mes dépens. Il s'agissait en réalité d'une réunion de travail entre deux Maghrébines, cheveux couverts, vêtements amples, et d'une Afro-Caribéenne, cheveux tressés, tenue décontractée. J'entends à plusieurs reprises «mode modeste», «marché», «business», «profit», «international»...

Me voilà pris au piège. Impossible de ne pas tendre l'oreille. Si j'avais l'esprit tordu, j'aurais lancé mon enregistreur tellement c'était magnifique. Pour la faire courte, les deux vingtenaires d'origine marocaine, à l'accent banlieusard, cherchent à faire fructifier leurs gains et à étendre leurs activités en ciblant les musulmanes qui publient sur Instagram: «Mais attention, sur le projet, on n'indique pas la religion, on ne parle que des femmes en général...»

La consultante, également de la communauté, leur donne des conseils juridiques et stratégiques pour payer moins d'impôts, se protéger. Les clientes donnent l'impression de ne pas s'y connaître en affaires et d'être des proies faciles, quoique méfiantes. Elles ressemblent à s'y méprendre à des prête-noms. Leurs maris reviennent souvent dans la discussion: elles ne peuvent prendre aucune décision sans leur accord, voire celui de leur clan.

La plus loquace a grandi dans une famille d'entrepreneurs. Son petit frère, âgé de 25 ans, est déjà millionnaire. On comprend, à mots couverts, que tout se joue à la limite de la légalité. Le nouvel esprit du capitalisme en somme.

#3 Mercredi. Je retrouve en deuxième heure une classe de quatrième vidée de la moitié de ses effectifs. Une partie, surtout les garçons pénibles, a décidé de sécher mon cours ainsi qu'un élève

impertinent a cherché à me le faire comprendre. Une autre, composée d'éléments plutôt agréables, est constituée de latinistes en sortie. Cela me rappelait que j'avais été moi-même germaniste et latiniste pour rester dans les bonnes classes de mon collège public.

Ce matin, l'activité porte sur la loi du 9 décembre 1905. J'essaie d'expliquer aux rares enfants faisant preuve d'attention que d'innombrables malentendus sont entretenus au sujet de la laïcité et qu'il s'agit d'une question importante. J'insiste sur le terme «anticléricalisme» qu'une élève avait eu du mal à lire. J'explique la signification de la liberté de conscience, à ne pas confondre avec la liberté religieuse. Personne ne me suit...

Avec mon dernier groupe de sixièmes, le plus agité, je pose une question: «En quoi consiste l'activité des députés?» Une élève, dégourdie, me répond: «Ben, ils députent.»

C'est toujours ça de pris.

C'est pas des reus, c'est des chitanas !

•

18 JUIN 2022

#1 Jeudi. Jour de repos, réveil matinal. En effet, j'ai rendez-vous non loin de chez moi mais je dois prendre le métro en slalomant entre quelques vendeurs algériens de cigarettes importées. Avant de descendre les marches de la station, un homme me tend un flyer. J'en avais à peine remarqué l'intitulé: «Pétition pour l'équivalence des passeports au sein de la francophonie». Le texte, truffé de fautes grossières, est adressé aux Français et aux francophones.

Intrigué, je jette un regard plus attentif à cet étrange document, en noir et blanc, parsemé de QR Codes. Je réalise alors qu'on ne m'avait pas distribué un papillon mais deux. Sous le premier se cachait donc un second, en jaune et rouge, signé d'un obscur «Comité blanc pour la protection des ex-colonisés et racisés». Il s'agit en fait d'une publicité pour le livre de Frédéric Petit intitulé *Tout dépend de ce qu'on appelle la France*.

L'auteur, malgré ses lacunes en orthographe, a visiblement le sens de la formule: «Le livre qui renvoie Zemmour en... Algérie... Ha Ha...» Au dos de ce tract aux couleurs vives, un texte imprimé en petits caractères présente le propos général de l'ouvrage, qui est en réalité un e-book. L'argumentaire, qui interpelle en dépit de certaines formulations (je me suis même demandé si ce n'était pas un canular), s'inscrit résolument dans la mouvance décoloniale.

J'en retiens la proposition suivante: «Nous devons ABOLIR les visas d'entrée que nous leur mettons, car ce n'est pas par "respect" pour leur indépendance que nous leur en mettons (nous étions contre), mais pour pouvoir… les leur refuser. Soyons clairs: assez de stupidité, de sadisme et de ce "racisme imbécile". Il n'y a PAS d'étrangers dans la francophonie. Arrêtons de traiter d'étrangers des gens qui ne le sont PAS… »

Le problème réside à mon sens dans cette réactivation de la frontière entre ce que l'auteur entend par «nous» (les Français dits «blancs») et «eux» (les populations jadis colonisées par la France). D'une manière paradoxale, sa rhétorique bancale sous-tend une forme de nationalisme culturel car si je souscris à l'idée d'abolir les visas, je la conçois sans exclusive: après tout, pourquoi réserver cette mesure aux seuls francophones?

#2 Vendredi. J'ai décidé de consacrer cette dernière journée de la semaine à des évaluations, d'autant que je vois tous mes groupes et que la date des conseils de classe approche à grands pas. J'ai choisi de les faire composer en binôme en m'appuyant sur les activités proposées par le manuel, histoire d'éviter les photocopies. Les questions n'étaient donc pas les miennes. Mais j'ai pu vérifier, une fois de plus, les problèmes de vocabulaire.

Ainsi, en quatrième, des élèves m'ont demandé la signification de mots ou expressions tels que «demeurer», «remettre en cause» ou «annexion», sans parler de termes spécifiques étudiés en cours et qui n'ont pas été assimilés ce trimestre. J'avais suivi la polémique sur l'incompréhension du mot «ludique» par des lycéens de la filière professionnelle. Soit. Dans certains milieux politiques radicaux, on ne sait même plus ce qui signifie «manichéisme».

En sortant du collège, j'ai retrouvé deux amies et par ailleurs camarades à la Butte-aux-Cailles. C'est la crise. Dans le bar kabyle où j'avais mes habitudes avant la pandémie, la fin de l'heure joyeuse est passée de minuit à 21 h et l'on sert désormais de la bière IPA, comme partout ailleurs dans la capitale, suivant la même dynamique que le burger quelques années auparavant.

Le volume sonore est vite devenu insupportable pour moi qui suis déjà exposé au bruit dans le cadre de mon activité principale. Et il commençait à se faire faim. En marchant, nous sommes tombés nez à nez avec un dirigeant trotskiste qui distribuait des tracts pour la Nupes (Nouvelle union populaire écologique et sociale). Il a fait partie de ceux qui, il y a onze ans, ont cherché à m'humilier au cours d'un procès stalinien que j'ai relaté dans un texte, « L'Affaire Aiolos », publié en avril sur le site À contretemps.

En raison de son âge avancé, j'ai renoncé à cracher à la figure de ce « permanent révolutionnaire » qui défend aujourd'hui, avec son organisation, cet ersatz de Front populaire. Par politesse, je lui ai toutefois lancé un regard plein de mépris. Cette rencontre inattendue m'a replongé dans mes années de militantisme acharné. J'y ai repensé sur le chemin du retour.

Arrivé dans mon quartier, connu pour héberger de nombreux fast-foods halal, j'ai assisté à une scène troublante. Tandis que je dépassais une bande de quatre hommes, dont deux vêtus d'un qamis, un groupe de cinq femmes, toutes habillées en jilbab, est arrivé à notre hauteur. Soudain, l'un des types, le front marqué par ses prosternations, a foncé sur les jeunes voilées en hurlant: « *Chitanas* [diablesses] ! Bande de *chitanas* ! Qu'est-ce que vous faites dehors à cette heure ? »

Ses amis, interloqués, ont tenté de le ramener à la raison: « Mais arrête wesh ! C'est des *reus* [sœurs]... ça se fait pas ! » Ils sortaient de la mosquée. C'était l'heure de la dernière prière, celle de l'isha'a. Le malotru a réussi à effrayer ses coreligionnaires qui avaient le tort de vouloir s'offrir une soirée entre femmes au paradis de la malbouffe. Il répétait, en boucle: « C'est pas des *reus*, c'est des *chitanas* ! » Je me suis demandé qui était vraiment déchiré ce soir.

#3 Samedi. J'ai renoncé à un événement organisé par des amis à cause des fortes chaleurs qui me rappellent Blida au mois août.

Je suis un Franco-Algérien de papier qui ne supporte pas le soleil, surtout quand il tape dur. Misère.

Dès potron-minet, je suis allé dans une boutique climatisée pour me ravitailler. Un sticker, collé sur un poteau de voirie, attire mon attention. C'est celui de la Cocarde étudiante, une énième organisation d'extrême droite.

Son slogan me donne la nausée: «Patrie, Souveraineté, Identité». J'ai décidemment un problème avec ces trois mots qui pourrissent mon existence de binational déchu.

Je vais penser à bien m'hydrater et à garder les volets baissés en attendant des lendemains qui chantent.

Mais je ne suis pas née en 2008. Je suis une 2009…

•

22 JUIN 2022

#1 Lundi. Chaque marche gravie me rapproche de la fournaise. Je comprends que cette journée sera pénible. En ouvrant la porte de la salle de classe située au deuxième étage, je suis paralysé par la chaleur emmagasinée durant ce week-end caniculaire. Impossible de laisser les fenêtres ouvertes en raison du bruit des travaux qui s'éternisent en contrebas. Je remarque que les ouvriers portent des casques pour se protéger les oreilles. À ce moment précis, j'ai envie de redevenir un col bleu.

Je vois défiler plusieurs groupes de tous les niveaux jusqu'à la dernière heure. Sans déroger à leur habitude, les élèves de quatrième (en demi-groupe) se sont montrés insolents. « Infects » même. Le mot m'a échappé dans un accès de colère. J'avais soif et chaud. J'étais épuisé et fébrile à cause de l'atmosphère étouffante, de cet interminable chantier, sans compter l'excitation de gamins à quelques minutes du conseil de classe. Attitude totalement irrationnelle mais j'oublie parfois que j'ai été excellent élève dans une autre vie.

Il y a des moments où l'on désespère. J'avais prévu de faire cours sur les élections législatives. Ils en ont décidé autrement. Je leur ai fait copier la leçon avant de délivrer un sermon de professeur blasé. Suis-je en train de devenir la caricature de moi-même avec ces intonations qui ressemblent à s'y méprendre à celles de mes aïeux ou de mes maîtres? J'en frémis rien que d'y penser. Leur attitude irrespectueuse m'a convaincue de me rendre au conseil que je souhaitais pourtant éviter.

Mais je n'y suis pas allé pour régler mes comptes avec des éléments perturbateurs. Quelle idée! Les choses ont néanmoins été dites, sans hypocrisie –les élèves étaient prévenus. Je souhaitais plutôt encourager les plus méritants dans cet environnement déplorable qui n'a rien à envier au monde des adultes. Après tout, le champ politico-médiatique ressemble par bien des aspects à la cour de récréation d'un collège classé en REP.

#2 Mardi. En première heure, je retrouve ma classe de quatrième, privée de ses filles parties découvrir la Comédie-Française. Les garçons reprochent à ma collègue de les avoir écartés de la visite. Je refuse de polémiquer mais je ne me prive pas d'indiquer que «j'accepte tous les élèves, même ceux qui me cassent les pieds. C'est ma conception du métier.» Le message est passé et apprécié. Pourtant, très vite, les bavardages reprennent et se focalisent sur le conseil de classe de la veille.

En effet, un délégué avait cherché à défendre un de ses camarades turbulent –et en situation d'échec– en expliquant qu'il souhaitait s'inscrire dans un lycée américain pour devenir joueur de basket-ball. Les enseignants étaient médusés par ce plaidoyer naïf. J'ai dû lâcher quelque chose comme: «Il faut arrêter de regarder la télévision.» Je pensais à la série *The Last Dance*, qui a sans doute fait tourner la tête de ce môme en perdition.

Ce mardi, alors qu'il se plaignait des railleries dont il aurait fait l'objet de la part des professeurs, je lui ai demandé de se rapprocher de mon bureau, avec un geste et un ton que je qualifierais volontiers de paternalistes:

«Mes collègues veulent ton bien, tout comme moi. On s'inquiète pour ton avenir. Tu veux devenir joueur professionnel?

— Oui.

— Tu joues en club?

— Non.

— Tu sais ce que ça représente la compétition?

— Je crois...»

Puis je lui raconte le destin brisé de certains de mes proches, promis à un brillant avenir dans le sport avant d'être blessés. Il fallait réfléchir à un plan B, être solide mentalement et surtout aller de l'avant. Il m'écoute, silencieux, pour la première fois de l'année avant de me dire:

«En fait, je ne sais pas trop ce que je veux faire. J'ai dit que je voulais jouer au basket mais je cherche toujours une orientation.»

Il n'en avait jamais parlé à une conseillère ou à ses parents.

Les élèves ne veulent pas travailler ce matin et me suggèrent de projeter un documentaire sur le football. Après tout, je peux bien céder à condition qu'ils gardent le silence. Le trimestre est terminé.

Nous finissons par regarder *Une chance sur un million*. Mais je me demande si nous le comprenons de la même façon. À leurs yeux, les professeurs sont moins respectables que les éboueurs, surtout depuis l'affaire du «*job dating*». Les élèves fantasment sur les vedettes du ballon rond et leurs salaires à six zéros. On ne pense qu'au fric, surtout quand on en manque.

L'après-midi, je récupère un groupe fort agréable d'élèves de cinquième qui me manquera beaucoup. Mais ils ne veulent pas travailler. Moi non plus pour être honnête. Je les invite tout de même à réfléchir à la situation inédite ouverte par les élections législatives, histoire de les faire réfléchir au sens des mots. Les vacances sont dans toutes les têtes. Certains sont déjà partis au pays. Les veinards!

Ils me demandent également de projeter un film puisque c'est désormais l'usage chez de nombreux collègues. J'ai des scrupules mais je cède. Les enfants auront ma peau. Après une courte recherche sur YouTube, je pense avoir trouvé le documentaire idéal avec *Génération 2008: qui seront-ils demain?* Une gamine proteste: «Mais je ne suis pas née en 2008. Je suis une 2009... Vous n'avez pas un film avec les 2009?»

La classe s'agite dès les premières secondes. Pourtant, assez rapidement, le silence s'installe. Les enfants sont très vite captivés, intrigués même, par ces petits Bretons qui vivent des réalités similaires aux leurs ou très différentes, notamment en ce qui concerne le logement. C'est ce qui les impressionne le plus en voyant des maisons avec jardin: tous mes élèves, ou presque, vivent dans des tours.

L'élève qui contestait mon choix se passionne pour le récit proposé. Néanmoins, quelque chose la chiffonne. Elle n'a pas compris une séquence. Je la vois froncer les sourcils. Spontanément, elle m'interpelle en disant: «Papa...» Puis, se rendant compte de sa méprise, elle se couche sur la table et s'esclaffe, gênée. Toute la classe éclate de rire. Moi aussi. Pourtant, au fond de moi, je ressens comme une petite douleur, celle de l'homme sans enfant.

Je lui réponds sans me démonter: «Oui ma fille», avant de rajouter, plus doucement: «Oui, *benti*». Elle relève la tête, surprise. Elle ne m'avait jamais entendu parler arabe.

Tout a une fin.

Tenez monsieur,
c'est de la part de ma sœur !

•

25 JUIN 2022

#1 Mercredi. Les cours sont annulés à cause de l'épreuve orale du brevet. Il s'agit pour les élèves de troisième de présenter un exposé d'une durée de cinq minutes avant de répondre aux questions du jury dont je fais partie cette année. À cet effet, je suis arrivé au collège plus tôt que d'habitude pour recevoir les dernières instructions avec les autres professeurs, puis j'ai pris les escaliers afin d'aménager la salle indiquée en attendant mon binôme retardataire. Nous attendions une dizaine de candidats, sans connaître les sujets choisis, d'autant que je n'enseignais pas à ce niveau, à mon grand désarroi.

Nous avons eu droit à des présentations, d'une qualité variable, portant sur Charles Baudelaire, la K-pop, la Première Guerre mondiale, *Moriarty the Patriot*, le Triangle des Bermudes, le délégué de classe, le Sri Lanka, le sport et, enfin, Ruby Bridges. Voilà donc à quoi s'intéresse la jeunesse scolarisée des quartiers populaires. Pour être honnête, j'ai été agréablement surpris. Je m'attendais à pire, à tous points de vue. Mais j'oubliais peut-être ce que cela représentait pour eux: leur premier examen. En toute franchise, j'ai apprécié le sérieux de la plupart des candidats malgré leurs lacunes.

Je dois même reconnaître qu'ils m'ont appris ou rappelé certaines choses, comme le nom officiel du Sri Lanka: République démocratique socialiste du Sri Lanka. Il me reste une partie du monde à explorer, l'Asie se résumant pour moi à la partie orientale d'Istanbul. C'est dire.

Mon collègue, plus jeune et de formation scientifique, m'a laissé prendre l'initiative pour mener les débats mais je craignais de monopoliser la parole. Malgré mon autolimitation, j'ai réussi à glisser quelques références –j'ai par exemple recommandé la lecture des textes de Walter Benjamin sur Baudelaire, le visionnage du film de Raoul Peck, *I Am Not Your Negro* et évoqué la *Théorie critique du sport* –avec des élèves qui, décidemment, n'avaient plus grand-chose à voir avec les miens, tant sur les plans intellectuel que physique. Mes interlocuteurs étaient prêts, pour la plupart, à intégrer le lycée pour bientôt entrer dans l'âge adulte. Quel contraste avec mes classes débordantes d'immaturité!

J'ai particulièrement aimé l'échange avec une candidate qui se trouvait être la grande sœur d'une de mes élèves de sixième, ainsi qu'elle me l'a fait remarquer en sortant. J'aurais pourtant dû faire le rapprochement dès sa présentation car dans ce collège, rares sont les filles d'origine maghrébine à lire ostensiblement –des mangas– et à avoir une tenue recherchée.

Son exposé portait donc sur la série *Moriarty the Patriot*, qui s'appuie sur l'œuvre d'Arthur Conan Doyle, tout en faisant référence à une curieuse interprétation de l'histoire de la Révolution française: Maximilien de Robespierre n'est plus qu'un sanguinaire, certes assoiffé de justice, et devient pour la circonstance un agent britannique...

Je réagis avec décontraction:

«Ce que tu viens de dire ferait bondir plus d'un historien, et j'en connais quelques-uns... Toujours est-il qu'ils seraient intéressés de découvrir l'usage de la Révolution française dans le genre littéraire préféré de la jeunesse.»

#2 Jeudi. J'annule ma participation à une réunion virtuelle. Cloué au lit, comme ça m'arrive rarement. J'avais passé une partie de la nuit à vomir mes tripes, à quatre pattes devant la cuvette des toilettes. Je reste la majeure partie de la journée sous mes draps car il me faut reprendre des forces pour le lendemain.

#3 Vendredi. J'ai encore la tête qui tourne en me rendant au collège. J'ai à peine mis les pieds dans la cour de récréation, désormais expurgée des effectifs de troisième, qu'une élève de sixième m'alpague avec son grand sourire en me tendant un manga:

« Tenez monsieur, c'est de la part de ma sœur ! Elle vous le prête...

— C'est très gentil ! J'aurais dû comprendre tout de suite qu'il y avait un air de famille. Quel plaisir d'avoir des élèves comme vous ! Comme j'aurais aimé en avoir davantage cette année... Alors, c'est quoi ce livre ?

— C'est *Du Contrat social* de Jean-Jacques Rousseau.

— Génial ! Après tout, on a bien publié *Le Capital* en bande dessinée... »

Mes autres interactions avec les élèves seront moins réjouissantes, d'autant que l'excitation de la fin d'année, pour leur part, et la fatigue, de mon côté, n'arrangent rien. Il m'a fallu doubler la dose de boisson énergisante pour tenir. Leur attitude -je songe en particulier à l'agressivité de certains garçons à mon égard- me fait réfléchir, surtout depuis les révélations d'un collègue sur ce qui se trame dans le quartier ainsi que la dernière polémique sur le sujet de l'épreuve de français du baccalauréat.

Néanmoins, je dois avouer avoir été touché par le geste d'une élève de quatrième, la meilleure d'entre tous. Au début du cours, elle me demande si je peux dédicacer mes livres qu'elle comptait offrir pour l'anniversaire de son père. Sa proposition, que j'ai bien sûr acceptée, m'a profondément ému. Elle a fini par sortir soigneusement de son sac à dos *La Fabrique du Musulman* et *Algérie, une autre histoire de l'indépendance*. J'en oubliais bientôt la date. Sa voisine murmure: « Le 24. Demain, c'est la *pride*. » Sourires complices.

J'ai essayé de contenir ma tristesse à l'heure des au-revoir, en improvisant un laïus:

«La vie est courte mais le monde est petit. Nous nous retrouverons, j'en suis persuadé, et cette idée me comble de joie. D'ici-là, je te souhaite plein de bonnes choses pour la suite de ton parcours! Salue chaleureusement ton père de la part d'un collègue et camarade.»

J'ai terminé ma journée à 15 h puis j'ai filé pour partager quelques réflexions sur le hirak dans un colloque à la Sorbonne. Il y a quinze ans, j'étais étudiant dans cette enceinte. Cinq années plus tard, j'y enseignais. Aujourd'hui, cela me paraît bien loin, tout comme la clameur des masses algéroises qui me faisait frissonner en 2019.

Mais il ne faut pas bouder son plaisir. J'ai tenu à saluer l'organisateur de cet événement important avant de retrouver des personnes que j'apprécie tout particulièrement afin de partager un moment de convivialité diasporique.

#4 Samedi. Je lis la revue *Socialist Register* en surveillant mon dernier examen à la fac. Session de rattrapage bis: cinq étudiants sur les dix-sept inscrits sont présents. L'administration, en sous-effectif, a fixé arbitrairement cette date sans me demander mon avis de vacataire. D'ailleurs, l'épreuve avait été programmée lundi après-midi sans que j'en eusse été tenu informé: il n'y avait donc ni enseignant ni sujet.

Comme je suis soulagé à l'idée de tirer un trait sur l'université française!

À moins que ce ne soit l'inverse.

Le racisme, c'est seulement contre les Français...

•

29 JUIN 2022

#1 Dimanche. Je reçois un message sur Signal de la part d'une personne dont je n'avais plus eu de nouvelles depuis des années. Il s'agit en réalité d'une photographie, celle d'un hot dog à la saucisse badigeonnée de moutarde, tenu d'une main ferme aux ongles vernis. Surpris, je n'ai pas su quoi répondre, d'autant que je me suis demandé s'il n'y avait pas anguille sous roche. Mais je ne comprenais surtout pas pourquoi cette jeune femme issue de la bourgeoisie provinciale avait gardé mon numéro après s'être joué de mon désir et m'avoir splendidement ignoré une fois ses envies – que je qualifierais volontiers d'érotico-orientalistes– satisfaites. J'en ai gardé à l'époque un peu de colère et de frustration, ce qui a accentué ma défiance envers les rapports interclassistes, au plan politique comme dans la vie intime. Comme si les choses n'étaient pas déjà assez compliquées.

J'ai longuement hésité puis j'ai fini par lui souhaiter un bon appétit. Tout simplement. Pourtant, au moment de lui répondre, j'ai été saisi d'un doute affreux. La saucisse... La sauce... Il y a quelque chose qui m'échappe ou alors c'est trop transparent? Non, non, impossible. J'ai chassé ces pensées déviantes de ma tête, d'autant que je ne recevais plus de photographies suggestives depuis mon retour au Smartphone. Ma correspondante m'a aussitôt répondu avec un message vocal dans lequel elle me disait s'être totalement trompé de destinataire, tout en m'indiquant très bien se souvenir de moi, en espérant que tout se passait au mieux de mon côté, avant de m'embrasser par politesse.

Je me disais aussi... Néanmoins, il y avait un truc qui clochait. Il me fallait savoir. J'ai donc effectué une recherche sur Google: j'en suis tombé des nues! Mon intuition s'en trouvait confirmée. J'avais bel et bien été le destinataire malheureux d'un message sexuellement explicite, moi, l'antithèse incarnée de la petite vertu. Mais le drame a été évité. J'aurais pu recevoir des photographies d'aubergine et de pêche – mes légume et fruit préférés, comme par hasard – sans n'y rien comprendre!

#2 Lundi. Début de semaine, fin d'année. Je suis partagé entre tristesse et soulagement. Il n'y a plus d'enjeu scolaire à proprement parler puisque la plupart des conseils ont eu lieu, sauf pour mes classes de cinquième. Les enseignants se sont transformés depuis quelques jours en animateurs, ce qui m'a rappelé le métier que j'exerçais, étudiant, pendant la trêve estivale. Les jolies colonies de vacances... Une perspective tout à fait abstraite pour la plupart de mes élèves qui, lorsqu'ils ont prévu de partir –au bled ou en France–, le font dans un cadre familial. En un sens, je les plains puisque les séjours organisés figurent parmi les meilleurs souvenirs de ma jeunesse prolétarienne et septentrionale. En effet, avant de devenir «mono», j'ai été «colon», grâce aux caisses d'allocations familiales et à la municipalité. Cela m'a permis de découvrir la signification véritable de la camaraderie, bien avant son dévoiement politicien.

Mes élèves ne souhaitent plus travailler mais jouer. Soit, mais à quoi? Baccalauréat ou pendu en sixième, loup-garou en cinquième, quizz ou *blind-test* en quatrième. Je suis resté en retrait pour mieux les laisser s'organiser. Moralité: l'autogestion demeure vouée à l'échec si les conditions objectives ne sont pas réunies. Il m'a fallu intervenir à de trop nombreuses reprises pour rétablir un calme précaire –le niveau sonore devenant très vite insupportable, sans compter les contentieux qui dégénéraient en conflits. J'avoue avoir été effaré par la violence et la vulgarité de ces petits êtres à qui je devais rappeler sans cesse les règles élémentaires de civilité. Savaient-ils seulement s'amuser? Je finissais par en douter.

En fin de journée, je suis allé au cinéma pour découvrir *Infernal Affairs*, vingt ans après sa sortie en salles, en inconditionnel de la reprise de Martin Scorsese, *Les Infiltrés* (*The Departed*), qui m'avait profondément marqué. Nous sommes quelques-uns à avoir partagé les dilemmes moraux de Chang Wing-Yan/Billy Costigan: jeunes, brillants, idéalistes, adeptes du double, voire du triple, jeu... au risque de perdre bien plus que son identité administrative.

#3 Mardi. Ma pause est rallongée en raison de la suppression d'un cours. J'en profite pour me rendre à Paris avec l'ambition de rattraper le retard dans ma correspondance et passer un coup de téléphone pour discuter d'un projet de livre qu'un ami vient de me soumettre. Il me faut d'abord prendre le métro pour quelques stations. Un incident éclate sur le trajet quand une marginale quitte subitement la rame en laissant derrière un sac de sport sous le siège. Des voyageurs s'inquiètent. Un passager les rassure en disant qu'il n'y a rien à l'intérieur, ce qui suffit à apaiser les personnes présentes. Sauf moi. Je pense trop à la mort depuis la pandémie et je préfère mettre dignement fin à mes jours plutôt que de prendre le risque –certes minime– de périr déchiqueté dans les entrailles de la capitale.

Par conséquent, j'ai terminé le trajet à pied en profitant du soleil, des rues clairsemées et des robes de circonstance. La vie.

De retour au collège, je me suis fâché avec une classe de cinquième que je voyais sans doute pour la dernière fois. Ils ont été bruyants et orduriers, ce qui m'a irrité au plus haut point. Leur insolence n'avait plus de limite à quelques heures de leur conseil et de la grande libération. Une gamine faisait claquer ses faux ongles sur la table, ce qui provoquait l'hilarité de sa complice au visage fardé de fond de teint et de leur associée toujours vêtue du même pantalon de sport. Trio infernal.

J'attendais surtout de retrouver un groupe de quatrième, en dernière heure, afin de les encourager et leur prodiguer des conseils pour la suite de leur parcours. C'était peine perdue. Seuls trois élèves se sont présentés, les autres ayant décidé qu'il valait mieux ne plus remettre les pieds au collège avant septembre. J'aurais pourtant aimé les saluer une dernière fois, comme il se doit. Décidemment, cette année n'a rien à voir avec la précédente.

J'ai donc fait contre mauvaise fortune bon cœur. Les garçons m'ont fait découvrir quelques chansons et j'ai projeté le clip de DJ Snake, «Disco Maghreb». Un élève m'a demandé si j'étais bien un «DZ» –abréviation pour Dzayer ou Algérie–, ce à quoi j'ai répondu par un clin d'œil. Son voisin antillais lui a rétorqué que les Algériens étaient racistes, ce à quoi il a répondu: «Mytho, il y a même des Africains en Algérie! Le racisme, c'est seulement contre les Français...»

Jusqu'ici tout va bien.

C'est du niveau sixième

•

3 JUILLET 2022

#1 Mercredi. Les cours sont supprimés en raison de l'organisation du brevet des collèges. J'en profite pour traîner un peu plus longtemps au lit. Quel bonheur de ne pas subir l'alarme de bon matin ! J'avais deux ou trois choses prévues pour m'occuper en attendant de retrouver un groupe d'anciens camarades de promotion qui ont eu la bonne idée d'arrêter leurs études au master. D'ailleurs, depuis ma récente inscription sur LinkedIn, j'ai repris contact –du moins virtuellement– avec quelques sorbonnards perdus de vue depuis le mouvement contre le CPE ou l'élection de Nicolas Sarkozy. Ils affichent des situations et des titres que je ne parviens pas toujours à comprendre mais j'ai tout de même l'impression qu'ils ont réussi leur vie selon les critères en vigueur dans notre société.

En fin d'après-midi, je décide d'emprunter le métro pour me rendre dans l'est parisien. Les quais sont bondés à cause d'un incident sur la ligne. Après réflexion, je sors pour prendre le bus et m'avancer jusqu'à la prochaine correspondance. De nombreux voyageurs ont la même idée. Le véhicule se remplit vite. La chaleur est étouffante. Le chauffeur marque un premier arrêt. De nouvelles personnes montent à bord. Je remarque une jeune femme dont l'accoutrement négligé tranchait avec le soin apporté à ses cheveux et ses mains. Soudain, son regard quitte ses chaussures: « Contrôle des titres de transport ! » La tension monte subitement chez les banlieusards.

Une première altercation éclate, puis une deuxième et une troisième... Un clochard monte sans présenter de ticket et hurle à la contrôleuse: « J'en ai rien à foutre ! » Le bus n'ira pas plus loin.

J'en descends avec quelques passagers ronchons, surtout dérangés par la forte odeur.

#2 Jeudi. J'arrive au collège à l'heure dite pour ma journée de surveillance. Pour la première épreuve, celle de français, je suis accompagné d'un jeune collègue que j'apprécie tout particulièrement, sans doute parce qu'il est aussi laxiste que moi avec les élèves. Nous avons d'ailleurs eu droit à deux gueulantes du principal adjoint car les candidats étaient trop bavards avant le début de l'examen. Certes, nous n'étions pas directement visés mais c'était moyen dans la démarche, d'autant que j'ignorais qu'il fallait imposer le silence dès leur entrée dans la salle. En y repensant, il devait s'agit de la plus grande difficulté pour ces jeunes: se taire plusieurs heures d'affilée!

Quand arrive l'épreuve de la dictée, j'ai la surprise de voir arriver le professeur de lettres qui ne m'adresse plus la parole depuis des mois. Nous avons réussi à nous éviter dans cette salle exigüe, sans évidemment nous saluer. Après tout, pourquoi changer nos mauvaises habitudes? Il s'est même permis de poser ostensiblement ses affaires sur les miennes pour mieux marquer son territoire avant de donner les consignes aux élèves sur un ton martial. Il y avait un côté théâtral qui me faisait rire intérieurement. L'année se termine et priorité aux gamins.

Au moment où il se lance dans la lecture de la fable d'Ésope, «Le moustique et le lion», je m'installe dans un coin et emprunte un stylo à une élève, histoire de m'exercer car je commençais à m'ennuyer sévèrement. Une fois l'épreuve terminée, je plie la feuille et m'apprête à la ranger dans la poche de ma veste. Le professeur de français s'approche alors de moi et, d'un geste inhabituellement amical, me demande la permission de lire mon texte. Je l'avertis poliment qu'il aura du mal à cause de mon écriture mais il insiste. Après avoir parcouru ma réalisation, il lâche:

«Parfait, il n'y a aucune faute.

— En même temps, je ne voyais pas où était la difficulté. J'ai peut-être hésité sur un mot, et encore !

— C'est du niveau sixième.

— Je me disais bien... »

Je fais la moue en récupérant ma copie.

#3 Vendredi. Je suis exempté de surveillance. Pourtant, l'épreuve d'histoire-géographie a lieu ce jour. Mais je ne m'en plains pas. Je consacre ma journée libérée à d'autres tâches, moins ingrates. J'ai voulu profiter des soldes pour m'acheter une paire de chaussures après avoir troué malencontreusement la précédente. Faute de véritable choix, j'ai fini par prendre le même modèle –moins cher pour l'occasion– en songeant aux dégâts occasionnés par la *fast fashion* sur l'environnement et mon budget. Tout de même: acheter des chaussures identiques à quelques mois d'intervalle... Autant les louer à ce prix !

Mes pulsions consuméristes ont été freinées par l'indisponibilité de ma pointure dans un magasin d'articles sportifs. Le vendeur –un vingtenaire qui s'était permis de me tutoyer alors que j'avais respecté les règles parisiennes de la distanciation sociale– m'a conseillé de me rendre dans un arrondissement voisin pour trouver mon bonheur. Une autre fois sans doute... Il est vrai que je ne vis plus avec la crainte de la fin du mois et que j'essaie de ne pas céder à celle de la fin du monde, mais je n'en demeure pas moins habité par les réflexes de ma vie de précaire, sauf quand il s'agit de se faire plaisir, seul ou à deux, dans les bars et restaurants du 13ᵉ arrondissement.

La soirée s'est terminée en agréable compagnie avec un succulent phanang dans un établissement à taille humaine. J'ai été dérangé par un couple de sexagénaires qui semblait éprouver du plaisir à se balancer des piques en public. Quelle indécence. J'ai failli avaler ma Singha de travers en subissant leur conversation malsaine. Le type a fini par quitter la salle après avoir menacé plusieurs fois sa partenaire de l'abandonner sur place. Il était temps.

#4 Samedi. Une journée à inscrire au panthéon de la dernière période. J'ai été invité à la Flèche d'or pour intervenir dans le cadre d'un événement culturel et festif commémorant le soixantième anniversaire de l'indépendance algérienne –que j'associe au combat de mes aïeux. L'équipe organisatrice, exclusivement féminine, a réussi à offrir au public– jeune, beau et riche de sa diversité –une programmation de qualité, plurielle, exigeante, dans une ambiance unique. Je pensais ne rester que pour ma table ronde et prendre la tangente pour me réfugier dans un cinéma ou succomber aux avances d'une ex-copine.

Mais l'énergie dégagée en ce lieu –qui était, à l'époque de ma jeunesse étudiante, le seul endroit où je pouvais entrer seul, sans me faire refouler par les videurs– m'a convaincu de rester pour assister à des échanges de haute tenue, à des discussions informelles et néanmoins chaleureuses, à des retrouvailles avec des ex-collègues, ex-amis ou ex-petites amies.

Cette bulle diasporique m'a rappelé que l'Algérie n'était peut-être pas ma patrie, la France non plus en un sens. En fait, le doux pays de mon enfance a sans doute plus à voir avec ce que d'aucuns appellent la Françalgérie, ce territoire imaginaire peuplé de gens humbles, généreux, maladroits, géniaux, fous, créatifs, méprisés, sublimes, tiraillés entre deux nationalismes dont il faudra bien se libérer pour donner au mot «indépendance» toute sa force.

Je me sentais bien. Je ne voulais pas partir. J'avais envie de retomber amoureux, de me faire de nouveaux amis, de danser sur Raïna Raï, de manger de la rechta, de boire des blondes rafraîchissantes parmi les brunes en feu.

Je ne pourrai pas me réconcilier avec tout le monde. Ce n'est ni possible ni souhaitable. Mais des journées comme celles-ci, je rêve d'en vivre encore quelques-unes avant de passer l'arme à gauche.

Merci pour tout.

Va cracher ta haine sur France 24

•

6 JUILLET 2022

#1 Dimanche. Correction de mon dernier paquet de copies. Les délais fixés par l'administration seront ainsi respectés. Heureusement pour moi, seuls cinq étudiants s'étaient présentés à cette session de rattrapage – dans mon autre établissement, aucun n'avait jugé bon de se déplacer. J'estime avoir été plutôt généreux concernant la notation. Autant se séparer en beauté de ce qui s'apparente à une tragédie ou une farce selon le point de vue adopté: le service public de l'enseignement supérieur et de la recherche.

À ceux qui, nourris de Bourdieu et de Foucault, sont morts de faim, je dédie ces lignes.

#2 Lundi. Où sont les élèves? La cour de récréation est étrangement vide avant la première sonnerie. Ma classe préférée a déserté en bloc. J'ai tout de même attendu un long moment avant de monter seul dans ma salle, résigné. Mes cours n'ont pas été supprimés de mon emploi du temps, contrairement à mes collègues mobilisés pour la correction du brevet et aux autres réunis pour la composition des groupes pour la rentrée prochaine. En tant que dernier concerné –en raison de mon statut de contractuel– j'ai échappé à ces corvées.

En compagnie de France Culture puis de France Musique, je me suis attelé à la transcription d'un article sur mon site, l'avant-dernier de cette longue série consacrée à la marche vers l'indépendance algérienne. En un sens, je suis soulagé d'arriver au terme de cet exercice, moins en raison de la diffusion limitée de ces publications – provenant pour l'essentiel de la presse ouvrière ou messaliste – que de mon envie de mettre à distance cette séquence historique, par crainte de m'y enfermer mais aussi parce qu'elle charrie de puissantes émotions, surtout quand je pense au sort réservé à ceux de ma famille qui ont tout sacrifié pour la libération d'un pays dont ils ont été chassés pour des raisons politiques, et plus encore quand me reviennent en tête le martyr de mes aïeux, sommairement exécutés par les puissants de la dernière heure. Personne ne me rendra mon arrière-grand-père.

En matinée, je n'ai reçu qu'un seul élève de cinquième. Habituellement agité, il était sage comme une image en l'absence d'un public à divertir. J'ai choisi de lui projeter un film d'animation, *Esteban et Zia: À la recherche des sept cités d'or.* Sceptique durant les premières secondes, il s'est néanmoins passionné pour l'histoire et m'a même demandé la référence afin de terminer le visionnage chez lui. Dire qu'il m'a cassé les pieds de septembre à juin... et qu'il va me manquer. Sacré garnement!

Je suis rentré plus tôt, ce qui est loin d'être désagréable. J'ai répondu par téléphone aux questions d'une journaliste pour un papier à paraître le lendemain. J'ai pesé mes mots sans rien concéder sur le fond. Ce soixantième anniversaire revêt une dimension toute particulière à cause du contexte répressif et de la démoralisation ambiante. J'en avais fait autant, la semaine précédente, pour une radio publique.

#3 Mardi. J'ai mal dormi. Sans surprise. Le collège est toujours aussi désert ce matin. Pourtant, trois élèves de quatrième ont fait le déplacement, à ma grande surprise. L'un d'eux m'a apporté un exemplaire d'un manga qui a bercé mon enfance –*Dragon Ball Z*– et a souhaité me faire découvrir la série *Haikyū !!* consacrée au volley-ball. Une belle découverte, un moment de partage entre générations différentes, un dernier instant de convivialité après une année pour le moins tendue.

Après des adieux sobres et leur départ, je me suis retrouvé seul afin de préparer mon interview télévisée prévue pour le journal de 13 h. Un taxi est venu me chercher au collège et m'a déposé à l'entrée des studios que je retrouvais pour la seconde fois en quelques mois. J'étais stressé par la brièveté du format, ému au souvenir de Baba Sido, de Mustapha « Negro » et de tous les autres, révolté par l'hypocrisie ambiante dans certains cercles intellectuels ou militants où l'on déclare en public l'exact contraire de ce que l'on dit en privé... J'en tremblais intérieurement.

Tout est allé si vite. Puis le taxi m'a ramené. Sur le trajet, en rallumant mon Smartphone, je reçois à 13 h 21 un message sur Facebook de la part d'un certain Reda S.: « Harki et tu mourras harki. » Visiblement, mes propos n'ont pas l'air de plaire à tout le monde. Sur Twitter, le compte Dias7746 m'interpelle en ces termes: « Va cracher ta haine sur France 24. » Je modifie mes paramètres après des commentaires venimeux et totalement délirants publiés sur mon mur par un troll du régime militaro-policier.

La mise en ligne d'une autre interview, accordée à *Libération*, suscite aussitôt l'hostilité de l'extrême droite française. Un certain TertioPoliticus ouvre le bal pour me demander: « Et les ingérences algériennes en France, ça ne vous pose pas trop de problèmes? » Ce à quoi un nommé Jacques N. répond: « On s'en tape de ces sauvages. » Je désactive aussitôt les notifications pour ne pas avoir à subir ce déluge d'immondices. Mais je suis paradoxalement rassuré: si je parviens à agacer les nationalistes et les réactionnaires des deux rives, c'est que mon propos touche son but.

Les femmes de ma famille sont les premières à me féliciter et à m'encourager. J'en avais bien besoin. J'ai même reçu, sur LinkedIn, un message de la part d'une personne que je ne connais pas: « Bonjour, juste pour vous dire que je suis fière de vous! » Comme cela s'est répété au cours des dernières années, la haine est souvent masculine et le soutien reste majoritairement féminin.

De retour au collège, je suis resté deux heures à attendre d'éventuels élèves qui ne viendront finalement pas. Je pars, légèrement en avance, pour la banlieue sud où je dois intervenir en soirée dans le cadre d'un événement organisé par des militants communistes, en présence du fils et du petit-fils d'Alban Liechti, le célèbre soldat du refus, celui qui a osé dire «non» à la guerre contre le peuple algérien, en restant fidèle à ses convictions, quoi qu'il en coûte. Quelle fierté d'être en ces lieux, en cette compagnie ! L'échange était passionnant, émouvant.

J'ai retenu mes larmes quand une fillette, vêtue d'un maillot de l'équipe de football algérienne, est venue me demander pourquoi il y avait eu autant de prisonniers pendant la guerre. Encore une fois, j'ai pensé à mon grand-père car les noms de Berrouaghia et de Serkadji avaient été prononcés pendant les interventions de descendantes de militants. En me voyant contenir ma tristesse, cette magnifique petite brune, belle comme un cœur – comme j'aurais aimé avoir un enfant qui lui ressemble –, m'a dit: «Mais on a aussi le droit d'être heureux, non? On a quand même gagné la CAN [Coupe d'Afrique des nations] ! C'est important...»

Bien sûr qu'il faut pouvoir se réjouir et faire la fête.

Nous sommes encore vivants.

Vous étiez notre meilleur professeur !

•

10 JUILLET 2022

#1 Mercredi. Dernière journée de travail pour cette si longue année scolaire. Je suis néanmoins motivé à l'idée de croiser cette poignée d'élèves attachants qui m'ont assuré de leur présence. Pourtant, dès mon arrivée, je constate très vite que la cour de récréation est encore plus clairsemée que la veille. La sonnerie retentit mais personne ne vient se ranger. Par conséquent, j'en profite pour discuter avec le personnel non enseignant. Je n'avais pas réalisé à quel point l'ambiance était devenue épouvantable dans l'établissement. Cependant, ces confidences me permettent de mieux comprendre ce que j'avais cru ressentir depuis quelques mois. Je découvre l'existence de conflits pathétiques entre titulaires et je suis comme soulagé d'en être resté éloigné en raison du mépris d'un certain nombre de collègues à mon égard.

J'ai passé la matinée à attendre que des élèves pointent le bout de leur nez. Fort heureusement, j'avais de quoi m'occuper dans cette salle désormais vide, impersonnelle et dont le mobilier avait été déplacé par l'agente d'entretien pour un ultime coup de serpillère. Curieux silence. Je n'ai pas fait l'appel pour la première fois depuis septembre. Au bout de trois heures, j'ai fini par quitter cet endroit. La situation en devenait absurde. J'ai remis ma clef à qui de droit puis je me suis dirigé vers le portail. Par curiosité, j'ai jeté un dernier coup d'œil sur la cour de récréation. À ma grande surprise, j'ai remarqué une de mes élèves de sixième, assise sur des marches. Un grand sourire a soudainement illuminé son visage:

« Mais monsieur, on pensait que vous étiez absent...

— Et pourtant je vous ai attendu dans ma salle toute la matinée.

— On nous avait dit que vous ne seriez pas là. Dommage !

— Ce n'est pas si grave. J'espère que tu en as profité avec tes amies.

— Vous prenez quelle classe l'année prochaine ?

— Je serai dans un autre établissement, un lycée j'espère...

— Mais pourquoi vous partez ? C'était tellement bien... Vous étiez notre meilleur professeur ! »

Ses yeux commencent à s'embuer. Je détourne le regard en cherchant au loin de quoi contenir ma tristesse. Ma voix trahit toutefois mes émotions lorsque, pour changer de sujet, je lui demande si elle part en vacances. Malheureusement, elle restera dans sa ville, dans son quartier. C'était la plus brillante de mes élèves à ce niveau. Une petite fille espiègle, joyeuse, métisse, qui porte le prénom d'une vedette de la chanson.

Notre relève.

#2 Jeudi. Avant de me coucher, la veille, j'ai débranché mon horrible radio-réveil après avoir expliqué à une collègue fort sympathique que je ne remettrai plus les pieds au collège. En effet, ce jeudi doit se tenir une réunion plénière suivie d'un déjeuner. Pour des raisons évidentes et par souci de cohérence, j'ai préféré éviter ces événements malgré l'insistance des rares enseignants –je devrais plutôt dire enseignantes, expérimentées, surdiplômées et maghrébines (quelle coïncidence...)– avec lesquels j'entretenais des relations cordiales.

Je me suis senti comme soulagé d'un poids sans savoir encore où je mettrai les pieds dans quelques mois ni de quoi je vivrai dans un an.

Les vacances peuvent enfin commencer.

#3 Vendredi. Je quitte la banlieue parisienne, ma région d'adoption, pour mon Nord natal où mon petit frère, le benjamin de la fratrie, a la bonne idée de se marier. J'ai choisi un hôtel situé à quelques minutes de marche de la gare. Sur le chemin, j'admirai les maisons en brique rouge, impeccablement alignées, et les immeubles de quatre étages qui encadraient la chaussée sans faire disparaître le ciel. Des affiches annoncent le festival des Binbins, un nom qui m'évoque le folklore valenciennois sans pour autant en garder de souvenir bien précis, faute d'y avoir pris part dans mon enfance. En vieillissant, j'ai tendance à accepter l'existence de bonnes et de mauvaises traditions, ainsi que la nécessité de s'insérer localement, dans la durée, afin de tisser des liens de confiance et d'intervenir, même à une échelle modeste. L'exact opposé de ma vie déracinée avec l'exil comme héritage et projet d'avenir.

Dans ma chambre, bien plus confortable que mon studio francilien, j'hésite encore sur la chemise et la cravate: unie ou rayée? Choix cornélien. Un appel me libère de ce dilemme. La doyenne de mes tantes tient à me féliciter chaleureusement pour ma dernière intervention télévisée. Ses mots me font chaud au cœur jusqu'à ce qu'elle m'apprenne, à mon grand désarroi, que mon interview, pourtant accordée au service public d'information, a été reprise par une chaîne privée lancée par le fils d'un dirigeant islamiste. Quand je pense qu'un universitaire français avait osé me qualifier d'«éradicateur algérien»... La guerre civile, ce n'est décidemment plus ce que c'était!

#4 Samedi. C'est le grand jour. Me voilà vêtu de mon plus beau costume et chaussé de mes souliers les plus élégants. Moi, l'aîné de la famille, l'éternel célibataire, le précaire au long cours, j'aurai marié mes trois sœurs et mon frère. Mes tantes me souhaitent en arabe d'être le prochain. Je leur réponds en français que le train est déjà passé pour moi, que je suis perdu pour la cause, qu'il faut sans doute se faire une raison... J'essaie d'en rire mais il n'y a rien de drôle à l'idée de finir seul quand on y songe sérieusement. Oui, Paris est une grande ville. Oui, j'ai essayé les sites

de rencontres. Et non, ça ne marche pas pour moi. Je suis classé par les lois sociales en vigueur et la logique implacable des algorithmes dans la catégorie des indésirables, au rayon des invendus, celui des articles de seconde main.

Avant la montée des marches de l'hôtel de ville, j'ai scruté le beffroi médiéval qui domine le bâtiment en me rappelant d'un cours qui avait profondément ennuyé mes élèves de cinquième. Nous avons croisé un couple qui venait de célébrer son mariage avec fracas: fanfare, fumigènes, fusées. J'ai été frappé par l'innocence de leurs traits. L'épouse devait avoir 20 ans, son conjoint 25, pas plus. Autres pays, autres mœurs. Je ne sais plus d'où je suis. Mon père me le rappelle quelques heures plus tard en me remettant une relique ayant appartenu à ma regrettée grand-mère après un rare moment de confession qu'autorisent, parfois, les longs trajets en voiture.

J'ai revu avec bonheur les paysages industriels de ma prime jeunesse –ces terres de labeur où les idéaux socialistes et messalistes ont prospéré le siècle dernier – et retrouvé mes oncles qui ont subi ou échappé à la condition ouvrière.

Ce journal touche à sa fin.

J'ignore ce que je fuis mais je crois savoir ce à quoi j'aspire.

J'ai enterré le ressentiment et le désir de vengeance.

Je reste néanmoins un homme en colère.

Épilogue

Dans son journal, Franz Kafka notait: «Mon état n'est pas le malheur, mais ce n'est pas non plus le bonheur, ce n'est ni de l'indifférence, ni de la faiblesse, ni de la fatigue, ni de l'intérêt pour autre chose, mais qu'est-ce donc? Le fait de ne pas le savoir est sans doute lié à mon incapacité d'écrire.»

Je fus confronté à cette incapacité, peu après ma nouvelle prise de poste annoncée par courriel, en septembre 2022. À ma grande satisfaction, j'apprenais ma nomination en lycée, mais ma joie ne fut que de courte durée car un tiers de mon service restait consacré au collège. Je demeurais affecté en banlieue nord, ce qui devait me faire traverser Paris à l'heure des ouvriers et des employés.

Mon emploi du temps bancal, produit de tractations entre deux établissements, m'amenait à me trouver la matinée au collège (IPS: 78) et l'après-midi au lycée (IPS: 93), à me déplacer dans sept salles de cours, et ce en passant plus de trois heures dans des transports en commun particulièrement dégradés.

Comble de malchance, j'avais héritéde deux classes de seconde ingérables – une trentaine d'élèvesdans chaque groupe, la plupart en difficulté – et d'une première à l'effectif fort sympathique mais désespérément bavard. Au collège, un de mes groupes de cinquième s'avérait plus délicat en raison d'un élément perturbateur, ce qui contrastait avec ma deuxième classe, plus attentive.

Moi qui fus jadis si prolifique, je n'aurai réussi à écrire que la première partie d'un article sur la crise de la gauche pour *ContreTemps*, revue de critique communiste.

*

Dans l'ensemble, mes nouveaux collègues m'ont offert un accueil plus chaleureux par rapport à l'année précédente et je ne pouvais rien leur reprocher à ce niveau. Seulement, travailler dans plusieurs établissements signifie aussi n'être réellement intégré dans aucun, d'autant que ma dernière expérience laissait des traces et m'incitait à la prudence, ce qui pouvait être interprété comme de la distance.

Fin septembre, je fêtai mon quarantième anniversaire avec quelques amis, dans un bar de la Butte-aux-Cailles, avant de marquer le coup, en famille, dans une salle de la banlieue sud. Début octobre, je célébrai la parution de mon *Histoire algérienne de la France*, dans le Quartier latin, à deux pas de mon université de formation, parmi une assistance de qualité. Pourtant, je n'arrivais pas à me réjouir en raison d'une routine absurde.

Fin novembre, je connus le premier arrêt maladie de toute ma carrière. Pour la première fois de ma vie, je sentis qu'il m'était impossible d'en faire davantage. J'avais déjà trop tiré sur la corde après avoir longtemps tiré le diable par la queue. Par conséquent, je pris la décision de mettre à profit deux trous béants dans mon emploi du temps pour me rendre au cinéma.

Au cours de ces échappées, vitales, loin du ghetto et du travail, je renouais en particulier avec le cinéma français que j'avais boudé à l'époque où, doctorant, je passais la plupart de mes soirées solitaires dans les salles obscures de la capitale. J'ai ainsi apprécié des œuvres marquantes comme *Les Rascals*, *Youssef Salem a du succès*, *Dalva*, *L'Établi*, *Le Principal*...

Mais j'avais aussi décidé, suite à une conversation avec une amie algéroise, de retourner à l'opéra – des « goûts de bourgeois » selon un collègue –, des années après avoir découvert cette forme artistique qui me transportait autant qu'elle m'intimidait. Résolu à poursuivre mon apprentissage du répertoire classique, je vibrais devant *La Flûte enchantée*, *Les Capulet et les Montaigu*, *Lucia di Lammermoor*, *Hamlet*, *La Bohème*...

Du reste, entre deux concerts à la Philharmonie de Paris ou à l'Auditorium de Radio France, je ressentais le besoin de gagner de nouveaux horizons après avoir bourlingué sur le pourtour méditerranéen. L'Europe orientale me tendait les bras, à commencer par trois villes associées à la résistance ouvrière contre le totalitarisme soviétique: Gdansk, Prague et Budapest. La Guerre froide, encore et toujours.

De plus, une dizaine de rencontres autour de mon cinquième livre m'ont amené, d'octobre à juin, à Paris, Lille, Strasbourg, Argenteuil, Roubaix, Marseille, Fontenay-sous-Bois, Rennes, Metz et Alès. Ces moments d'échange, pris sur mon temps de récupération, donnèrent lieu à des discussions de qualité avec les publics les plus divers... ce qui détonnait violemment avec l'ambiance du lycée.

*

Mes élèves de seconde, nés en 2006, me paraissaient plus immatures que ceux de cinquième, nés quatre ans plus tard. Je passais l'année à demander aux lycéens de ranger casquettes et Smartphones qui faisaient chez eux office de doudou ou de hochet. Les adolescents trouvaient le moyen d'utiliser leur appareil durant les cours mais aussi pendant les interrogations, en recourant aux services de Google et Wikipédia, sans saisir ce qu'ils recopiaient.

L'attitude des élèves, incapables de se concentrer plusieurs minutes d'affilée ou d'écouter en silence une phrase jusqu'à sa fin, n'était évidemment pas liée à leurs origines: j'y voyais plutôt une problématique générationnelle qui n'avait rien de spécifiquement français au regard des dégâts causés par les écrans à l'échelle du globe.

En février, à la veille des vacances d'hiver, je tentai une expérience après avoir essayé de faire cours à ma classe de seconde la plus difficile. J'avais choisi de projeter –sur le gigantesque écran tactile noir qui remplaçait, au milieu du mur, le tableau blanc désormais relégué au second plan – une vidéo de Léo Duff: «Comment TikTok a ba*sé le cerveau d'une génération».

La projection plongea les élèves dans un état de tension inédit. C'était comme s'ils se révoltaient contre les faits relatés par le youtubeur qui les renvoyaient à leur statut de victimes aliénées par la technologie. Ils étaient néanmoins nombreux à manifester leur vif intérêt pour le contenu, en ayant tout à fait conscience des risques encourus par leur addiction aux Smartphones et autres réseaux sociaux.

Malgré l'impossibilité de lancer une discussion avec la classe, aussi survoltée par ce qu'elle venait de voir que pressée de partir en récréation, je tentai toutefois un sondage pour ne pas complètement capituler avant la sonnerie.

Je demandais alors qui utilisait TikTok chaque jour: toutes les mains se levèrent. Entre 5 et 10 h par semaine? Environ un tiers de la classe (exceptionnellement, ils pouvaient utiliser leur Smartphone pour déterminer le temps passé sur ce réseau social). Entre 10 et 20h? Les mains se firent plus rares. Au-delà de 20h? Plus du tiers. Une élève, particulièrement agitée, déclarait en être à 37h. Une autre, réservée, à 44h. Elles passaient la nuit sur leur écran...

*

J'eus l'occasion de vivre l'affaire des abayas, ces robes amples portées à l'origine par les Bédouines afin de couvrir leurs formes avant de devenir le produit phare de la «mode modeste». En effet, j'avais remarqué la métamorphose vestimentaire d'une poignée d'élèves. L'une d'elles, dont les absences se répétaient, finit par fondre en larmes dans mon cours, après une nouvelle convocation par la direction du lycée, non sans provoquer les ricanements de ses camarades qui y voyaient une simple tartufferie. À son retour, je lui demandai de rester pour comprendre de quoi il en retournait.

Elle me déclara, tremblante de colère, que je devrais expliquer le sens de la laïcité à mes collègues qui ne le comprenait pas. Certes, elle avait décidé de porter une abaya, mais en aucune manière elle ne souhaitait déroger à la loi. Sa tenue était culturelle et n'avait aucune signification religieuse à ses yeux. Si elle portait désormais le voile – contre l'avis de sa mère –, c'était pour le retirer en franchissant la grille de l'établissement. Dont acte.

À d'innombrables reprises, je me suis identifié au sergent Marx, protagoniste de la nouvelle de Philip Roth, « Défenseur de la foi » (« *Defender of the Faith* »).

C'était par exemple le cas quand un groupe de trois filles – toujours dans cette classe pénible – vint me questionner à la fin de l'heure pour savoir si je croyais vraiment à ce que je disais en classe. Devant ma stupéfaction, elles déclarèrent qu'en tant que croyantes, une partie du programme ne correspondait pas à leurs vues... En creux, elles souhaitaient savoir dans quel camp je me situais.

À la veille des vacances de printemps, qui coïncidait avec l'aïd el-fitr – fête qui marque la fin du mois de ramadan –, la plupart de mes élèves m'annoncèrent par avance leur absence en me demandant si j'allais faire cours. Je les assurai de ma présence en arguant que je n'avais pas à connaître leur religion et que la discrétion constituait une protection. À peine dix lycéens se présentèrent le jour dit, contre une demi-douzaine de collégiens. Des collègues s'étaient même étonnés de ma venue...

Mais je concède avoir surtout été interloqué cette fois où, surveillant une épreuve commune, je remarquai que sur la cinquantaine de lycéens, un seul portait des chaussures de ville.

*

Courant mai, ma classe de première me poussa dans mes retranchements et m'obligea à interrompre le cours dix minutes avant son terme. Le niveau de bavardage devenait assourdissant et j'eus l'impression, non pas de parler dans le vide, mais plutôt d'avoir affaire à une multitude de conversations étanches les unes par rapport aux autres, sans hostilité pour ma personne mais me reléguant au statut de podcast.

Avais-je pour autant perdu ma santé en vain?

Avant les derniers conseils de classe, je demandai à mes élèves de s'auto-évaluer et de m'indiquer quelle partie du cours avait retenu leur attention. En seconde, certains mentionnèrent la ségrégation scolaire. En première, une élève attachante, brillante et vive – qui refusa de poser lors de la photo de classe en raison du voile qu'elle portait à l'extérieur –m'offrit une page de remerciements qui m'allèrent droit au cœur:

«Le chapitre sur la Révolution française était super intéressant, agréable à travailler. Mais c'est surtout grâce à ce professeur extraordinaire que j'ai aimé ce chapitre et ces cours en général. Quand je l'écoutais parler c'était comme si j'écoutais quelqu'un conter une histoire.»

C'était toujours ça de pris...

Juin 2023

Sommaire